AYA JAFF

MONEY MAKERS

Wie du die Börse für dich entdecken kannst

FBV

Bibliografische Information der Deutschen Nationalbibliothek:
Die Deutsche Nationalbibliothek verzeichnet diese Publikation in der Deutschen Nationalbibliografie. Detaillierte bibliografische Daten sind im Internet über http://d-nb.de abrufbar.

Für Fragen und Anregungen:
info@finanzbuchverlag.de

1. Auflage 2020

© 2020 by FinanzBuch Verlag, ein Imprint der Münchner Verlagsgruppe GmbH,
Nymphenburger Straße 86
D-80636 München
Tel.: 089 651285-0
Fax: 089 652096

Alle Rechte, insbesondere das Recht der Vervielfältigung und Verbreitung sowie der Übersetzung, vorbehalten. Kein Teil des Werkes darf in irgendeiner Form (durch Fotokopie, Mikrofilm oder ein anderes Verfahren) ohne schriftliche Genehmigung des Verlages reproduziert oder unter Verwendung elektronischer Systeme gespeichert, verarbeitet, vervielfältigt oder verbreitet werden.

Die im Buch veröffentlichten Ratschläge wurden von Verfasser und Verlag sorgfältig erarbeitet und geprüft. Eine Garantie kann dennoch nicht übernommen werden. Ebenso ist die Haftung des Verfassers beziehungsweise des Verlages und seiner Beauftragten für Personen-, Sach- und Vermögensschäden ausgeschlossen.

Lektorat: Caroline Kazianka
Korrektorat: Silvia Kinkel
Umschlaggestaltung: Isabella Dorsch
Umschlagabbildung: Felix Birkenseer
Satz: Daniel Förster
Druck: CPI books GmbH, Leck
Printed in Germany

Grafiken: Achtung-Schild (z. B. S. 26) Gular Samadova/Shutterstock, Geldscheine (z. B. S. 28) vector toon/Shutterstock, Glühbirne (z. B. S. 46) Irina Adamovich/Shutterstock, Smiley (z. B. S. 48) musmellow/Shutterstock, Dollarzeichen (z. B. S. 51) Mr.Stas/Shutterstock, VR-Brille (S. 136) Andrei Zhukov/Shutterstock

ISBN Print 978-3-95972-022-9
ISBN E-Book (PDF) 978-3-96092-026-7
ISBN E-Book (EPUB, Mobi) 978-3-96092-027-4

Weitere Informationen zum Verlag finden Sie unter

www.finanzbuchverlag.de

Beachten Sie auch unsere weiteren Verlage unter www.m-vg.de

INHALT

1	**Warum mich die Finanzwelt so interessiert**	5
	Just-do-it-Mentalität	13
2	**Schwarze Schafe und erlernte Hilflosigkeit**	17
3	**Was ist das eigentlich – Banken, Börse, Trading?**	25
	Angebot und Nachfrage	26
	Die Spekulationsblase	32
	Der Markt und die Banken	36
4	**Aktien sind nicht böse**	53
	Moneymaker: William D. Cohan	57
5	**Welthandel: Börse ist überall**	65
	Moneymaker: Cornelia Eidloth	65
	Moneymaker: John Maynard Keynes vs. Friedrich August von Hayek – alte Hasen erfahren neuen Hype	73
	Moneymaker: Christine Lagarde und der IWF	81
6	**Influencer: persönliche Einflüsse und die Börsenkurse**	87
	Moneymaker: Die Kardashians – Kylie Jenner #jüngste Milliardärin	87
	Moneymaker: Climate Change	95
	Moneymaker: Madame Moneypenny	100
7	**Asienmarkt: von Peking ins Silicon Valley und zurück**	109
	Moneymaker: Jack Ma – Alibaba	116
	Moneymaker: Pony Ma – Tencent	119

8 Silicon Valley: Digitalisierung, Trends und Umbrüche 123
    Technology Focus: künstliche Intelligenz 123
    Moneymaker: Damian Polok 129
    Technology Focus: Augmented Reality und Virtual Reality 136
    Moneymaker: Elon Musk 138
    Moneymaker: Tim Draper 142
    Technology Focus: Blockchain 147
    Die Macht der kleinen Start-ups 149
    Moneymaker: Melinda Gates und ihr Engagement in Afrika 150
    Technology Focus: Biotech 156

9 Psychologie: persönliche Investmententscheidungen 163
    Moneymaker: André Kostolany 163
    Moneymaker: Warren Buffett 167

10 Wichtige Informationen für den Weg zum Moneymaker 177
    Kleines Lexikon für Finanz-Chinesisch 177
    Jetzt wird's ernst 193
    Ein paar Tools für deinen Weg zum Moneymaker 196
    Deine Roadmap zur ersten eigenen Aktie – brought to you by Tradity 199
    Moneymaker: Sebastian Kuhnert 206
    News und neue Medien 216

Schlusswort 225
Danke 226
Anmerkungen 227

1. WARUM MICH DIE FINANZWELT SO INTERESSIERT

»Wer immer tut, was er schon kann, bleibt immer das, was er schon ist.«

Henry Ford

Zugegeben: Zahlen waren früher nie so meine Stärke. Ich erinnere mich nicht gerne an den Matheunterricht an meiner Schule zurück. Das liegt nicht daran, dass ich die Lehrer nicht mochte oder sie nicht gut genug waren oder ich Angst im Unterricht gehabt hätte – nein, es war schlicht und ergreifend die »Wahrheit«, der ich nicht ins Auge blicken wollte. Um höhere Mathematik zu verstehen, hätte ich mich nämlich von früh bis spät an meinen Schreibtisch setzen, alle Bücher zu dem Thema durcharbeiten und die Übungen gewissenhaft lösen müssen – und das am besten das ganze Jahr durch und nicht erst kurz vor der Prüfung. Aber nein, das wollte ich einfach nicht. So saß ich immer wieder vollkommen überfordert vor der grünen Tafel und ließ mir zum wiederholten Male von meinem Mathelehrer einen Sachverhalt erklären, den meine Mitschüler anscheinend schon durchblickt hatten. Ich nickte dann. Nicht immer hieß das, dass ich wirklich verstanden hatte, worauf mein Lehrer hinauswollte. Nein, ich tat das eher in der Hoffnung, dass er mich in Ruhe lassen würde.

Natürlich gab es auch Lichtblicke in meiner mathematischen Schullaufbahn. Schließlich musste ich das eine oder andere doch beherrschen, um zum Abitur zugelassen zu werden. An diese Aha-Momente erinnere ich mich wirklich gerne zurück. Jedes Mal wurde mir bewusst, wie mächtig diese Formeln im Schulbuch eigentlich waren, wie oft der Erfinder wahrscheinlich gescheitert war, bis er die perfekte Gleichung gefunden hatte, und vor allem auch, wie viel Fantasie und Vorstellungskraft es gebraucht hatte, um überhaupt auf die Problemstellung zu kommen.

Falls du dich jemals in derselben Lage wiedergefunden hast oder dich teilweise immer noch so fühlst: willkommen im Club!

Jedes Mal, wenn ich Hollywoodfilme, die im Finanzbereich spielten, angeschaut habe, wurde mir klar: Diese Männer hatten neben ihrem Geschlecht noch etwas gemeinsam – nämlich ein Geschick für Zahlen und das Verständnis der Zusammenhänge. Und ich wusste: Niemals würde ich einer von ihnen sein. Zu schlecht war ich im Umgang mit Zahlen, und ich wies zu wenige Qualitäten auf, die ich hätte anbieten und mir zunutze machen können. Ich war schließlich an keiner Eliteuniversität wie Harvard, Princeton oder Yale. Meine Eltern waren keine Millionäre mit erstklassigen Kontakten zu bedeutenden Unternehmen, und ich hatte auch keine Hobbys wie Golfen, Tennis & Co., die mich kulturell mit der High Society verbunden hätten.

Trotzdem stellte ich mir gerne vor, wie toll es wäre, ebenfalls im finanziellen Überfluss zu leben, schöne Kleider zu tragen und so herumzulaufen, als ob einem die Welt gehörte. So wurden schließlich die Aktionäre an der Wall Street in den Filmen dargestellt.

Plötzlich fanden sich Sätze wie »Greed is good« (Gier ist gut) auf Postern oder als Desktophintergrund und wurden zum Mantra vieler Leute, die bestrebt waren, zu dieser Gruppe von Menschen zu gehören. Die waren nicht nur cool, weil sie schöne Uhren besaßen und hübsche Frauen an ihrer Seite hatten. Nein, das, was sie so cool machte, war ihre kurzsichtige Art, so viel Geld wie nur möglich innerhalb kürzester Zeit zu machen und sich zudem damit zu rühmen, dass sie durch Täuschung hart arbeitende Leute um ihr Geld gebracht hatten. Solche Szenen wurden in den Filmen gekonnt mit bekannten Pop-Songs unterstrichen, und die Rollen der Arroganten und Erfolgreichen durften Hollywood-Sweethearts wie Leonardo DiCaprio übernehmen.

Kein Wunder also, dass einige so werden wollten wie die Charaktere im Film. Und das Vorgehen wurde auch oft als einziger Weg zu finanziellem Erfolg dargestellt. Wer erfolgreich sein will, muss so habgierig, arrogant und skrupellos sein wie diese bösen Aktionäre. Wer nicht so sein möchte, wird arm bleiben, aber immerhin seine Menschlichkeit bewahren und für immer den Kapitalismus verachten.

Diskussionen mit Freunden nach solchen Filmen haben mir gezeigt, welche Emotionen diese zwei Positionen hervorrufen können. Die einen werden sofort unsympathisch, sobald sie das kapitalistische System auch nur im Geringsten verteidigen, und die anderen fangen auf einmal an, »an das Herz zu appellieren« und sich selbst damit zu rühmen, schon immer eine schlechte Meinung von Geld gehabt zu haben und deshalb auch keinen besser bezahlten Job anzustreben. Denn Geld verdirbt den Charakter.

Doch diese Filme kratzen nur an der Oberfläche des Ganzen und schaffen es nicht, einen tieferen Einstieg in das Thema Finanzen zu geben. Wie soll das auch in weniger als zwei Stunden auf höchstem Entertainment-Niveau zu schaffen sein?

Eines Tages führte ich ein so emotional aufgeladenes Gespräch mit einer guten Freundin, dass wir anschließend Jahre nicht mehr miteinander sprachen. Es ging eigentlich lediglich darum, dass ich mich mehr mit dem Thema Finanzen beschäftigen wollte, weil mich die Branche faszinierte und vieles in dieser Welt für mich ein großes Geheimnis war. Allein, dass ich mich in der Richtung weiterbilden wollte, wurde allerdings schon abgelehnt. »Wieso willst du denn ein Teil dieser Gesellschaft werden?«, fragte sie mich empört.

Meine Antwort darauf war ganz einfach: Diese Menschen in der Finanzbranche waren zwar gut im Umgang mit Zahlen, doch noch viel wichtiger war ihnen ein generelles Verständnis dafür, wohin sich diese in der Zukunft bewegen würden. Sie mussten vorausschauend denken und die Welt als Ganzes betrachten. Ich hatte begriffen, dass diese Welt der Zahlen nur einen kleinen Teil dieser Branche abdeckte. Es ging um viel mehr als nur das. Es galt zu verstehen, wie verschiedene Unternehmen Wert schöpften und welche Erfolgsfaktoren eine Rolle dafür spielten, wie und ob sie noch mehr Menschen beschäftigen konnten, und wie groß eine Idee ultimativ werden konnte. Es ging auch um etwas Fantasie und den Mut, in die Zukunft zu schauen. Das reizte mich.

Ich war und bin vielseitig interessiert. Ich wollte mich nie mein ganzes Leben nur auf ein Fach spezialisieren, ich wollte schon immer Brücken bauen und verschiedene Themen miteinander verknüpfen, auch deshalb fühlte ich mich zu diesem Thema so hingezogen. Leider waren die Begriffe Unternehmen, Börse & Co. im Kopf meiner Freundin schon so negativ besetzt, dass ich es nicht schaffte, sie mit meiner Antwort zu überzeugen. Irgendwie hatte sie auch nicht ganz Unrecht. Ich konnte verstehen, warum sie sich von der Branche distanzieren wollte. Sie sah nur die eine Seite der Medaille. Die superreichen Menschen.

Warum mich die Finanzwelt so interessiert

Die werden einem ja auch überall gezeigt! So hat etwa die Netflix-Dokumentationsserie Explained in der Folge »Billionairs« (Staffel 2, Folge 2) ein paar wunderbare Beispiele gebracht, die belegen, wie reich die reichsten Menschen auf der Welt im Vergleich zu uns »normalen« sind.

Vergleicht man beispielsweise die Ausgaben eines Durchschnittsmilliardärs (Vermögen etwa 2 Milliarden Dollar) mit den Ausgaben eines durchschnittlichen Amerikaners (Jahresgehalt etwa 32 000 Dollar/Jahr), so kann man sagen, dass relativ gesehen »ein Flug mit dem Privat-Jet (8000 Dollar) vergleichbar wäre mit einer U-Bahn-Fahrt in New York (2,75 Dollar), der Kauf eines Lamborghini (200 000 Dollar) vergleichbar mit dem eines Bobby-Car (60 Dollar) und der einer privaten Insel (100 000 000 Dollar) mit einer Anzahlung für ein Haus (30 000 Dollar)«, heißt es dort.

Weiter erfährt der Zuschauer, dass Milliardäre nicht 1 Prozent unserer Gesellschaft ausmachen, sondern 0,0001 Prozent und dass sie großen Einfluss haben. Sie können Treffen mit Staatschefs vereinbaren. Ein Dutzend von ihnen steht bereits selbst an der Spitze eines Staates. Im chinesischen Parlament allein sitzen über 100 Milliardäre und es werden immer mehr! Im Jahr 1987 existierten laut Forbes schätzungsweise 140 Milliardäre, im Jahr 2019 waren es fast 15-mal so viele – also etwa 2153 Milliardäre weltweit.[1]

Selbstverständlich ist es nicht fair, dass diese Menschen sich so viel leisten können und andere Leute sich kein Frühstück kaufen können. Ich verstehe, wenn man sich darüber aufregt, da kann ich mich genauso leidenschaftlich anschließen. Aber ich möchte auch nicht alle Leute, die man gemeinhin als reich bezeichnet, als Bösewichte darstellen. Man sollte nur diese Macht nicht zu sehr ausnutzen dürfen. Mit ein paar Millionen Dollar kann man ein schönes Auto kaufen, ein tolles Haus und ein paar schicke Kleider, aber mit ein paar Milliarden Dollar kann man in unserem aktuellen Wirtschaftssystem ganz andere Dinge bewegen. So hat man die Möglichkeit, die öffentliche Meinung mithilfe von Medienbesitz, Lobbyisten und Think Tanks zu kontrollieren und ganze Regierungen und internationale Angelegenheiten zu manipulieren. Wo bleibt hier der Raum für unsere Demokratie? Eigentlich dürften Menschen, die nicht vom Volk gewählt wurden, doch gar nicht so viel Macht über das Leben anderer haben. Es wäre naiv zu glauben, dass die Existenz dieser 0,0001 Prozent notwendig ist, vor allem, weil die Milliardärsklasse mit ihren Aktionen doch bereits bewiesen hat, dass sie nicht existieren kann, ohne aktiv daran zu arbeiten, Regierungen in einer Weise zu beeinflussen, die ohne Zweifel die Demokratie und den Willen des Volkes untergräbt. Die Debatte darüber, ob es Milliardäre geben sollte oder nicht, ist längst beendet. Das sollte sie aber nicht sein. Wer die amerikanischen Wahlen verfolgt, weiß, dass der Wahlkampfkandidat der Demokraten, Bernie Sanders, mit diesem Wahlspruch den Nerv von Millionen Menschen getroffen hat. »Billionaires should not exist«, und zwar aus dem gleichen Grund, aus dem Könige und Pharaonen nicht existieren sollten. Diejenigen, die die Führung unserer Welt innehaben, sollten demokratisch gewählt sein und sich das Beste für unsere Gesellschaft wünschen.

Ich kann Kapitalismuskritiker durchaus verstehen und ihren Zorn ebenso. Doch ist die Welt nicht schwarz-weiß. Nicht alle Milliardäre sind Gauner, Geld allein ist nicht böse und der Kapitalismus in seiner jetzigen Form wird uns noch lange beschäftigen. Wir dürfen die Augen sicher nicht vor den unschönen Wahrheiten verschließen und vor allem dürfen wir nicht untätig sein.

Deswegen schreibe ich dieses Buch. Es soll keine Rechtfertigung oder Heiligsprechung der genannten Personen sein, sondern mit jedem Kapitel zeigen, wie sehr uns Wirtschaft, Börse und Finanzen eigentlich betreffen und wie sehr wir uns dessen im Alltag bewusst sein sollten.

Als Jugendliche habe ich Leute gebraucht, zu denen ich aufschauen konnte – klar waren die nicht perfekt. Für mich war das eher, wie wenn man sich beim Shoppen verschiedene Kleider ansieht. Ich habe manches ausprobiert, geschaut, mit welchem Stil ich mich wohlfühlte, und habe so ganz von selbst herausgefunden, wofür ich stand und für was nicht.

Ich bin dafür, die Welt nicht in Schwarz und Weiß einzuteilen, sondern viele Grauabstufungen vorzunehmen. Von »Wall Street ist Scheiße« bis hin zu »Milliardäre sind toll« wirst du alle Abstufungen in diesem Buch finden, denn das Thema ist schlichtweg zu komplex, um es einfach so über einen Kamm zu scheren, das wäre auch schade.

Meines Erachtens kann Wissen ermächtigen, und das möchte ich mit den Informationen in diesem Buch erreichen. Dass niemand sich von dieser lauten Diskussion in der Finanzwelt ausgeschlossen fühlt, weil er das grundlegende Vokabular nicht versteht. Eine Welt, in der jeder die Grundmechanismen des Marktes nicht nur versteht, sondern auch lernt, sie für sich anzuwenden, ist in meinen Augen eine fairere Welt. Ich finde, man muss verstehen, woher der Kapitalismus eigentlich kommt und welches Problem er im Ursprung gelöst hat, damit man ein Gefühl dafür ausbildet, wohin sich die Dinge entwickeln müssen. Da unser Bildungssystem uns nicht ausreichend auf das Finanzleben vorbereitet, müssen wir diese Dinge eben selbst in die Hand nehmen.

Ich habe viel Zeit in der Bibliothek in Nürnberg verbracht und möglichst viele Sachbücher gelesen. Ich war fasziniert von Biografien bedeutender Unternehmerinnen und Unternehmer. Benjamin Franklin motivierte mich, meinen Tag besser zu planen. Warren Buffett schärfte meinen Blick für nachhaltige Geschäftsmodelle, Bill und Melinda Gates inspirierten mich dazu, nachzudenken, was man der Gesellschafft zurückgeben kann. Mohammad Yunus brachte mir die Welt des sozialen Unternehmertums näher und wurde zu einem persönlichen Idol für mich.

In der Bibliothek habe ich viele Geschichten gelesen und ich habe mir die Zeit genommen, um die Konzepte dahinter zu verstehen und mir vorzustellen, wie die Vergangenheit wirklich war und wie die Zukunft aussehen könnte. Ich machte mein iPod beziehungsweise später dann Spotify auf und hörte meine Hiphop-Playlist. Während ich mir dann die Bücher durchlas, hörte ich immer wieder die Hiphop-Legenden über meine Kopfhörer und entdeckte immer wieder Stellen, an denen es um soziale Krisen, den Job, Finanzen und persönliche Weisheiten ging. Ich fing aus Spaß an, diese Zitate zu sammeln. Das ist übrigens der Grund, warum du immer wieder Zitate aus berühmten Songs zum Thema Finanzen im Buch entdecken wirst. Im Garten der Bibliothek habe ich dann davon geträumt, wie ich irgendwann einmal allerlei Unternehmen in der Welt gründen und Probleme lösen würde. Schließlich war alles um mich herum auch von Menschen geschaffen worden. Sie haben sich inspirieren, treiben und motivieren lassen von anderen Menschen, von Problemen und Krisen ihrer Zeit und von ihrer Fantasie. Auf einmal lag eine Magie in der Luft, die ich so noch nie gespürt hatte. Meine Gedanken wurden von einem angenehmen Gefühl von Geborgenheit, Abenteuerlust und Optimismus begleitet und ich fühlte mich, als würde ich eine große Reise beginnen. Ich spürte einen Drang in mir weiter zu forschen, tiefer in die Materie einzusteigen – was dann auch dazu geführt hat, dass ich begann, dieses Buch zu schreiben.

In diesem Buch geht es viel um Moneymaker. Das können Philosophen, Autoren, Unternehmer und/oder Technologien sein. Moneymaker schaffen durch ihr Können und Wissen einen käuflichen Wert auf der Welt. Sie haben herausgefunden, wie sie ihre Zeit und ihre Fähigkeiten einsetzen müssen, um die Welt nach ihren Vorstellungen zu formen. Das sind die Macher in meiner Welt. Sie sind nicht perfekt, aber sie haben den Mut, Dinge einfach anzugehen und neue Ideen anzustoßen. Ob nun die Einzelunternehmerin von nebenan im Café, oder der Konzernchef, der viel Verantwortung trägt. Sie alle machen, formen und bewegen unsere Welt.

Just-do-it-Mentalität

Ich möchte dir noch ein wenig mehr von mir erzählen, damit du meine Ansichten zu bestimmten Themen besser einordnen kannst. Es gab viele verschiedene Aha-Momente in meinem Leben, die mich dazu bewegt haben, Dinge anzugehen, und die mich dahin gebracht haben, wo ich jetzt stehe.

Die Schulzeit ist mir zwar gut in Erinnerung geblieben, aber noch mal durchmachen möchte ich sie nicht. Zu oft habe ich das Gefühl gehabt, dass wir nur nach einem Stundenplan und einem strikten System funktionieren mussten, anstatt unseren Interessen nachgehen zu können. Für manche Freunde von mir war dieses System vielleicht gut, aber ich empfand es als gegen meine Natur, wenn man so will. Früh morgens aufstehen zu müssen, noch bevor die Sonne aufgeht (!), um sich dann um punkt acht Uhr mit Physik zu befassen, das wollte mein Körper einfach nicht akzeptieren. Nach Lehrplan zu lernen hatte oft den Nachteil, dass keine Zeit blieb, auch mal länger und tiefer gehend über ein Thema zu diskutieren. Vor allem im Fach Ethik haben mir grundlegende Diskussionen zu den großen Philosophen gefehlt. In Wirtschaft und Recht wurde uns kurz und bündig erklärt, wie unser Wirtschaftssystem – die soziale Marktwirtschaft – funktioniert, ohne aber darauf einzugehen, wie es zustande gekommen ist und ob es ernsthafte Alternativen dazu gibt. Modelle, die weit von der Realität entfernt waren, sollten uns veranschaulichen, wie Staat, Haushalte und Unternehmen miteinander arbeiten. Doch wie das in der Realität genau ausschaut und inwiefern Lobbyismus da eine Rolle spielt, wurde so gut wie gar nicht angesprochen.

Eigentlich verrückt, dass viele Jugendliche nur in diesem Fach mit einer kritischen Auseinandersetzung mit unserem Wirtschaftssystem in Berührung kommen. Der nächste Berührungspunkt ist dann wohl die erste Steuererklärung. Dann stellen sich viele auf einmal die Fragen: Wieso zahle ich so viele Steuern? Was passiert mit meinem Geld? Warum ist die Politik so ausgelegt?

Wenn man nur eine Seite der Geschichte betrachtet, ist es nicht unwahrscheinlich, dass man beginnt, das System zu hassen. Schließlich wird man nach eigener Einschätzung auch nur benachteiligt. Es macht alles keinen Sinn und es wirkt, als könne man dieses Spiel überhaupt nicht gewinnen. Zumindest denken viele so. Diese Mentalität musst du aber nicht zwingend übernehmen.

Als ich jünger war, wurde ich durch ein Buch auf eine sehr interessante Theorie aufmerksam. Es half mir zu verstehen, warum ich manchmal so negativ über Dinge dachte und keinen Ausweg sah. Das Buch, das ich vielen meiner Freunde auch heute noch ans Herz lege, heißt *Mindset* von Carol Dweck. Darin untersucht sie den Unterschied zwischen zwei verschiedenen mindsets, was ich im Folgenden mit »Lebenseinstellung« übersetzen werde. Ihre Theorie, auf die ich im nächsten Kapitel noch näher eingehen werde: Unsere Lebenseinstellung bestimmt, wie wir mit schwierigen Problemen umgehen und wie bereit wir sind, unser Leben zu verbessern. Sie beschreibt in sehr einfacher Sprache und mit vielen Beispielen, wie man es schafft, seine Ziele zu erreichen. Wichtig dabei ist, aktiv auf seine Lebenseinstellung zu achten und diese bewusst zu verändern. Dieses Buch hat mich ein Stück weit verändert, aber dazu später mehr.

Ich habe mich lange nicht gut genug gefühlt für das Gymnasium. Egal, wie viel Nachhilfe ich bekommen habe oder wie viele andere Leute ich kennengelernt habe, die dieselben Schwächen hatten, ich hatte kein Vertrauen in mich. Im Unterricht habe ich mich selten gemeldet, aus Angst, mich mit einer falschen Antwort zu blamieren. Meine Meinung konnte ich manchmal sogar meinen besten Freundinnen nicht richtig kommunizieren, weil ich fürchtete, dass diese Gefühle nicht berechtigt waren. Das alles hat sich geändert, als in meinem Kopf irgendwann ein Schalter umgelegt wurde. Ich überlegte, was wäre, wenn ich einmal wirklich ehrlich wäre, meine Gedanken mit der Welt teilte und einfach mal etwas machte? Einfach mal meine Ideen auf Papier brächte und Unterstützer suchte? Es war eine stille Revolution tief in mir, die ich jeden Tag in allerlei Situationen gespürt habe. Mir war klar, dass ich jedes Mal, wenn ich nicht ehrlich zu mir oder anderen war, weniger stolz auf mich sein konnte und weniger Respekt vor mir hatte. Das musste sich ändern. Ich habe dann angefangen, mir erst einmal ganz bewusst meine Zukunft vorzustellen. Wie cool wäre es, auf großen Bühnen zu stehen und mich so modisch anzuziehen, wie ich wollte? Was wäre, wenn ich voller Selbstvertrauen mein eigenes Unternehmen leiten und die Welt mit meinen Ideen verbessern könnte? Was wäre, wenn ...?

Diese Gedanken kamen mir vor allem beim Sport, wenn ich mit meinen Kopfhörern ganz laut Musik hörte und mir alles möglich erschien. Bestimmt kennst du das auch. Ich fühlte mich immer besser in meiner eigenen Haut, je präziser ich mir alles vorstellte. Ehe ich mich versah, hatte ich ein echtes Ziel vor Augen. Ich wollte all den Menschen da draußen beweisen, dass ich mich für Mode, Technik, Börse & Co. interessieren und darin erfolgreich sein kann. Ich musste nicht so herumlaufen wie Steve Jobs (ja, die Phase hatte ich kurz als Teenager), um akzeptiert zu werden. Ich wollte einfach ich selbst sein, und das musste reichen.

Ich würde mir wirklich wünschen, dass jeder Mensch sich selbst entfalten und sein wahres Ich ausleben kann. Meiner festen Überzeugung nach könnten wir alle viel mehr im Leben erreichen, wenn jeder in der Gesellschaft an sich selbst glauben dürfte, ohne in Frage gestellt zu werden.

Mir war sehr lange nicht klar, wie viel Kraft in jedem von uns steckt und wie sehr wir die Welt verändern können, wenn wir eine Vision haben und uns nicht vor harter Arbeit scheuen. Wie die Träume aussehen, ist dabei jedem Einzelnen überlassen – für manche ist das Ziel, besonders reich zu werden oder sehr berühmt, andere wollen die akademische Laufbahn einschlagen und einen kleinen Beitrag im Bereich der Wissenschaften leisten. Vielleicht geht es ja auch um alle drei Dinge? Womöglich nur zu verschiedenen Zeiten?

Wie viel Einfluss deine Träume und Wünsche auf die Welt da draußen haben, ahnst du wahrscheinlich noch nicht. Umso wichtiger ist es aber, dass dir bewusst wird, wer und wie sich unser System entwickelt hat und wer jetzt im Chefsessel sitzt. Denn die Träume, Motive und der Ehrgeiz einzelner Gruppen und Personen lässt sich in jedem Produkt, also auch in jedem gegründeten Unternehmen erkennen.

2. SCHWARZE SCHAFE UND ERLERNTE HILFLOSIGKEIT

Es gibt sie immer und es gibt sie überall – die schwarzen Schafe. Diejenigen, die alles vermasseln, übertreiben und ihre Grenzen einfach nicht kennen. Es gibt sie in jeder Branche, also auch in der Finanzwelt. Ich will das gar nicht schönreden. Natürlich gibt es einen Grund dafür, dass die Finanzwelt vielen Menschen so unsympathisch, manipulativ und generell »böse« erscheint. Warum das so ist, möchte ich in diesem Kapitel erklären.

Mir ist wichtig, in diesem Buch nicht den Eindruck zu vermitteln, dass alles toll ist, was in der Börsenwelt geschieht. Es geht darum, sich ganz offen mit der Vergangenheit zu befassen. Ich möchte meinen Teil dazu beitragen, dass sich Fehler nicht wiederholen. Dieser Rückblick hilft nicht nur, das ganze System besser zu verstehen und erste Grundbegriffe in diesem Zusammenhang kennenzulernen, sondern entkräftet hoffentlich auch Vorurteile, die viele heute ganz unbewusst in Diskussionen mit Freunden und Familie oder bei persönlichen Lebensentscheidungen miteinfließen lassen und die verhindern, verantwortungsvoll mit seinem Vermögen umzugehen. Wir werden uns in diesem Zusammenhang auch mit unserer eigenen Persönlichkeit befassen und prüfen, wie wir selbst eine positive Veränderung schaffen können.

Mir scheint, dass viele Menschen eine sehr emotionale Beziehung zu Geld haben. Sie denken, dass Geld den Charakter verdirbt, reiche Leute sich ganz bewusst gegen sie verschworen haben und es keine Möglichkeit gibt, aus diesem System zu entfliehen, da sie schlichtweg zu dumm sind, um die Fallen zu durchschauen. Das klingt fast so, als wären sie ihrer eigenen Freiheit beraubt. Zugegeben, die Wahrscheinlichkeit, Millionär zu werden, ist nicht sehr hoch, aber das muss nicht heißen, dass man in seinem Leben nicht Verbesserungen durchführen kann, die die tägliche Existenz vereinfachen. Hoffnung auf ein besseres Leben ist ja ein wichtiger Motor für viele Menschen. Es ist der Grund, jeden Morgen aufzustehen und zur Arbeit zu gehen, die Kinder zur Schule zu schicken und sich mit neuen Themen und Orten zu beschäftigen.

Problematisch wird es, wenn Menschen davon ausgehen, dass sie die Fähigkeit, ihr Leben zum Besseren wenden zu können, verloren haben. Sie sind dann davon überzeugt, dass sie selbst für ihre Lage verantwortlich sind, und aufgrund ihrer negativen Erfahrung mit einer Sache (zum Beispiel im Umgang mit Geld) haben sie letztlich keine Motivation mehr, diese Lage überhaupt zu verändern. Viele Leute, ich möchte mich hier nicht ausschließen, sind davon betroffen und merken es häufig nicht. Dies kann auch zu Depressionen führen – der Betroffene fühlt sich hilflos, machtlos, hat keine Hoffnung. Es geht sogar so weit, dass eine Person, wenn ihr irgendetwas Schlechtes zustößt, nicht einmal mehr den Versuch unternimmt, die Situation zu verbessern. So stark ist die Überzeugung, dass es keine Hilfe gibt, und die Akzeptanz dieser Lage. Eigentlich unglaublich, dass man sich selbst in so eine missliche Lage im Leben bringen kann.

Aber jetzt möchte ich erst einmal die im vorangegangenen Kapitel bereits erwähnten zwei Denkarten näher erläutern.

Carol Dweck unterscheidet in ihrem Buch *Mindset – The new Psychology of Success* wie bereits gesagt zwei mindsets: fixed und growth mindset – beide werden von uns beeinflusst. Das heißt, niemand wird mit einer bestimmten Lebenseinstellung geboren, sondern wir entscheiden uns jedes Mal aufs Neue (ob nun bewusst oder unbewusst), wie wir über eine bestimmte Sache denken. Wie erkennt man einen Fixed-Mindset-Denker? Ganz einfach: Eine solche Person ist überzeugt, dass die Fähigkeiten eines Menschen in Stein gemeißelt sind. Das Talent ist der alles entscheidende Faktor und es ist von Geburt an festgelegt, ob jemand intelligent und talentiert ist oder ob jemand inkompetent und dumm ist und auch so bleibt. Interessanterweise denken Menschen mit einem fixed mindset ebenso, dass sie nur Dinge lernen können, für die sie ein ganz natürliches Talent aufweisen. Sie beurteilen Menschen schnell und haben im Umkehrschluss das Gefühl, selbst ständig unter Beobachtung zu stehen. Kein Wunder, dass sie aus diesem Grund jede Gelegenheit nutzen, ihr Talent und Können unter Beweis zu stellen. Ein Fehler kann in ihren Augen dazu führen, dass ihr kompletter Charakter infrage gestellt wird und sie ihr ganzes Leben in den Augen anderer als inkompetent gelten. Daraus entsteht das Bedürfnis, von außen Bestätigung zu suchen und das Ego dadurch zu stärken und zu beschützen. Das klingt alles ziemlich ungesund, ist mir aber zumindest in meiner bescheidenen Welt nicht ganz fremd. Ich erkenne mich durchaus wieder in der Charakterbeschreibung – wenn auch nicht zu jeder Zeit. Eigentlich möchte ich nämlich nicht so sein. Wenn ich solche dunklen Momente habe und so über die Welt nachdenke, dann helfen mir manchmal persönliche Gespräche mit Freunden und Familie, die mich aufbauen und mir klarmachen, dass das

Leben mehr ist und auch mehr bietet als diese ewige Suche nach Bestätigung und Anerkennung. Doch, wie will ich denn nun sein, wenn nicht so?

Nun ja. Ich möchte eben nicht zu dieser ersten Gruppe gehören, sondern eher ein growth mindset haben. Was bedeutet das genau? Bestimmt hast du Kindern schon einmal auf einem Spielplatz zugesehen oder erinnerst dich noch vage an deine eigene Kindheit, in der du viel herumgeklettert bist. Manche Kinder scheinen wirklich immun gegen Schmerzen zu sein. Sie versuchen immer wieder, eine bestimmte Wand hinaufzuklettern oder die Rutsche hoch zu laufen, und scheitern dabei jedes Mal kläglich. Manche Kinder hören nach dem ersten Versuch bereits auf, manche werden nach mehrmaligen Versuchen von ihren Eltern dazu ermahnt und dann gibt es die, die sich immer wieder der Herausforderung stellen. Meistens klappt es dann irgendwann und die Kinder werden süchtig nach dem Gefühl des Erfolgs. Sie glauben nun, auch schwierigere Probleme lösen zu können, und haben Lust, mehr Dinge zu erforschen, noch härter und länger an der Lösung zu arbeiten. Sie sind überzeugt, dass sie, je mehr Dinge sie erfolgreich absolvieren, umso mehr dazulernen. Für sie lautet die Lösung für Probleme einfach nur: harte Arbeit, Geduld und Durchhaltevermögen. Sie lernen, sich auf ihren eigenen Kompass zu verlassen, und suchen auch später in der Schule nicht in ihren Noten nach Bestätigung ihrer Fähigkeiten, sondern streben nach Selbstverwirklichung durch die gezielte Erweiterung ihrer eigenen Grenzen. Dabei ist es vollkommen egal, um welches Thema es geht. Ob Sport, Musik, Mathe oder Zeichnen – sie wissen, dass sie nur durch Übung an ihr Ziel kommen. In ihren Augen heißt Übung vor allem aber auch Versagen zulassen, wieder aufstehen, etwas noch mal versuchen und besser werden! Menschen mit dieser Einstellung nutzen jede Gelegenheit, um von Experten zu lernen, und stellen dabei jede Regel und bekannte Strategie aus der Vergangenheit infrage in der Hoffnung, damit ihre eigenen Lücken zu schließen und Schwächen zu beseitigen. Dieses Verhalten lässt sich auf ihre zwischenmenschlichen Beziehungen übertragen. Sie unterstützen ihre Freunde darin, weiter an sich selbst zu arbeiten und zu lernen. Auch beim Sport ist ihnen bewusst, dass die gesamte Leistung eine Teamleistung ist. Wenn sie ein Unternehmen führen, zeigen sie ihren Mitarbeitern und Kollegen Respekt und Dankbarkeit für die verrichtete Arbeit. Sie fragen zudem auch nach deren ehrlicher Meinung, egal, wie unbequem die Wahrheit sein mag. Zusammenfassend kann man sagen, dass sich solche Menschen von Problemen nicht einschüchtern lassen, sondern sie als lösbare Herausforderungen ansehen. Sie setzen gerne ihre Energie dafür ein, die Welt und sich selbst ein Stück besser zu machen.

Ihre Lebenseinstellung erlaubt es ihnen, an Wachstum und Veränderung zu glauben.

Welche Faktoren tragen aber dazu bei, dass jemand so über das Leben denkt und dadurch sein volles Potenzial ausschöpft? Ich glaube, dass wir alle mit einem growth mindset auf die Welt kommen. Wie sonst hätten wir laufen und sprechen gelernt? Diese Dinge sind mit sehr vielen Versuchen verbunden und verlangen Geduld und Ausdauer. Dabei spielen die Eltern eine unglaublich wichtige Rolle. Sie sind es, die das Feuer fürs Lernen entweder weiter entfachen oder auslöschen. Wachstumsorientierte Eltern ermutigen ihre Kinder, weiterzulernen, wohingegen fixed-mindset-orientierte Eltern ihre Kinder immerzu beäugen, über sie urteilen und ihnen sagen, was richtig und was falsch ist. Interessanterweise kann man dieses Verhalten bereits im zarten Alter von ein bis drei Jahren erkennen. Growth-Babys werden versuchen, anderen weinenden Kindern zu helfen, wohingegen die anderen einfach nur genervt sind. Im Laufe des Lebens spielen dann natürlich auch die LehrerInnen eine wichtige Rolle. Jeder kennt das. Mal gibt es Pädagogen, die daran glauben, dass ein/-e bisher leistungsschwache/-r Schüler/-in auch mal eine Eins erreichen kann, und dann gibt es diejenigen, die davon ausgehen, dass eine Verbesserung nicht möglich ist. Je nachdem, wen man in der Grundschule hat, wird die Einstellung auch in die entsprechende Richtung geformt. Dies kann ich vor allem durch meine eigene Erfahrung im Gymnasium bestätigen. Ich hatte meistens Lehrer, die von vornherein schwache Antworten im Matheunterricht von mir erwarteten. Sogar als ich gezeigt habe, wie sehr mich eine schlechte Note belastet, kamen selten so ermunternde Worte wie: »Das ist nur eine Sache der Übung! Das kriegst du besser hin, wenn du dich mit dem/der zusammensetzt und lernst.« Meistens hieß es nur: »Du hast zum Glück auch andere Stärken. Die retten dir deinen Schnitt, dass du am Ende nicht durchfällst! Versuch, nächstes Mal einfach mindestens eine Vier zu schreiben.« Na, wem kommt das bekannt vor?

Gute LehrerInnen hätten versucht, verschiedene Ansätze im Unterricht zu bringen, weil sie daran glauben, dass jede/-r in der Lage ist, den Stoff zu verstehen. Sie hätten sich bemüht, dass sich niemand dumm fühlt. Vorbilder sind also wichtig und prägen unser Verständnis von der Welt in sehr jungem Alter. Keine Sorge, falls du eher schlechte Vorbilder in der Schule hattest, heißt das nicht, dass du zwangsläufig ein Opfer dieser Umstände bleibst. Jeder kann sich verändern, denn das Gehirn ist wie ein Muskel, den man trainieren kann. Wir können uns selbst beibringen, wie es besser geht, und uns bei jedem Schritt ermutigen. Doch einfach ist das nicht, es ist nämlich verdammt schwer, sein Denken zu verändern.

Schwarze Schafe und erlernte Hilflosigkeit

Wahrscheinlich ist das fixed mindset für viele Menschen zu einer emotionalen Krücke in vielerlei Hinsicht geworden – es beschützt sie in ihren Augen vor Versagen und hat ihnen bereits zahlreiche »stolze« Momente in der Öffentlichkeit beschert. Doch wachstumsorientiert zu denken hat seine Vorteile. Man kann ganz offen mit anderen Menschen über seine Fehler und Schwächen reden und hat die Möglichkeit, Pläne zu entwickeln, die genau diese beheben können.

Ich muss ganz ehrlich sein. Auch wenn ich hier von diesen zwei Lebenseinstellungen berichte, heißt das nicht, dass ich es geschafft habe, nur wachstumsorientiert zu denken. Das ist aber glücklicherweise auch nicht nötig – solange ich in den meisten Situationen an Veränderung glaube. Das heißt, ich würde wahrscheinlich kein Physik-Studium beginnen, weil ich das Gefühl habe, dass mir das Ganze »einfach nicht liegt«, aber in der Arbeitswelt kann ich trotzdem große Schritte nach vorne gehen und neue Dinge ausprobieren.

Jeder kann sich selbst an die Nase fassen und ganz bewusst darauf achten, ob er böse, hinderliche und entmutigende Selbstgespräche mit sich führt. Lasst uns aufhören, uns selbst für unsere Fehler fertigzumachen, und gemeinsam wachsen.

Der Grund, warum ich dieses Kapitel hier platziert habe? Ich glaube, dass viele Leute genau dieses Gefühl von »erlernter Hilflosigkeit« gekoppelt mit einem fixed mindset im Leben haben, wenn es um das Thema Geld geht. Dadurch, dass viele Menschen bedingt durch die Finanzkrise 2008 in der Vergangenheit große Verluste gemacht sowie eine gewisse Angst und Vorsicht von ihren Eltern übernommen haben, ist das Thema Anlage und Aktie bis heute in vielen Familien ein Tabuthema. Dabei sind Aktien an sich nicht schlimm. Geld schon gar nicht – wie kann ein in erster Linie reines Transaktionsmittel auch böse sein? Es kommt also vor allem darauf an, mit welcher Einstellung man das ganze Börsenthema betrachtet. Es hilft, sich vor Augen zu führen, dass wir alle Teile des Kapitalismus sind und es Vorteile hat, zu verstehen, wie genau uns die Börse heutzutage nützt und wie Aktien funktionieren. Damit wir in Zukunft nicht das Gefühl haben, vom Pech verfolgt zu werden, und beim Bankberater endlich selbst ernsthaft mitreden und diskutieren können, wenn es um unsere Zukunft geht. Auf geht's, dann machen wir uns mal schlau!

3. WAS IST DAS EIGENTLICH – BANKEN, BÖRSE, TRADING?

Ich möchte dir aber nicht nur das Fachliche rund um Aktien erklären, sondern auch etwas über die Geschichte und das ganze System erzählen, das unsere Finanzwelt heute kontrolliert. So dunkel die Geschichte des Geldes auch sein mag, so faszinierend, wichtig und relevant ist das Verständnis von dessen Funktion in unserem Leben. Warum misstrauen wir Banken so sehr, warum »redet man nicht über Geld«, warum sind alle Fondsmanager Schweine? All das sind hoch emotionalisierte, negative Meinungen, die die breite Masse zu teilen scheint und die im folgenden Kapitel angegangen werden sollen. Ich möchte dir helfen, deine vielleicht etwas voreilig übernommene Meinung (egal ob nun positiv oder negativ) über die Finanzwelt schrittweise zu überprüfen und dann selbst zu entscheiden, wie und was du über das Thema denkst. Schließlich hat jeder Bereich seine guten und schlechten Seiten.

Angebot und Nachfrage

Am besten fangen wir wirklich ganz von vorne an, vielleicht an einem Punkt, der dir sogar bekannt vorkommt, weil du in der Schule schon einmal davon gehört hast: das große Thema Angebot und Nachfrage. Die zwei Marktkräfte, die wirklich alles in der Welt bestimmen.

> ### Achtung, Achtung
>
> Am Anfang sind die vielen neuen Begriffe natürlich noch total verwirrend – ganz normal. Als Einstiegshilfe habe ich dir in Kapitel 10 häufig verwendete Begriffe gebündelt zusammengestellt. Wenn dir also etwas unterkommt, das du noch nicht kennst, spring einfach dahin und schau dort nach. Übrigens: Zur besseren Orientierung sind die Begriffe in drei Schwierigkeitsstufen unterteilt: Basics, Intermediate und Expert.

Gedankenexperiment: Das Land ohne Bananen

Du wirst innerhalb von vier Minuten das Thema Angebot und Nachfrage verstehen. Versprochen. Ich werde es an einem sehr leichten Beispiel erklären.

Stell dir vor, es gibt ein Land, in dem es aus uns unbekannten Gründen keine Bananen gibt. Nicht eine einzige wird in Supermärkten verkauft, an Obstständen in der Stadt angeboten oder in Cafés in Kuchen verarbeitet. Doch die Bewohner hören von ihren Freunden im Ausland wie gut Bananen schmecken, und lesen in

Büchern, wie vielseitig man sie verwenden kann. Dass es keine Bananen in ihrem eigenen Land gibt, macht die Leute sehr traurig und so verlangen sie lauthals nach dieser Frucht.

Ein sehr schlauer Supermarkt-Besitzer aus dem Ausland, wo es viele Bananen zu günstigen Preisen gibt, hört diese Rufe und entscheidet sich dazu, dieser Nachfrage nachzugehen. Er importiert nun ganz viele Bananen aus dem Nachbarland in das Land ohne Bananen und verkauft diese in seinem Supermarkt. Die Leute sind super glücklich und kaufen alsbald nur noch in seinem Supermarkt Bananen ein. Es bilden sich sehr lange Schlangen vor der Kasse und die Leute rennen jeden Morgen seinen Laden ein, nicht jeder bekommt am Ende des Tages jedoch seine gewünschten Bananen, weil das Angebot zu knapp ist und der Geschäftsmann auch irgendwann den Laden schließen muss. Das macht die Kunden traurig und viele gehen ohne Bananen nach Hause. Eine clevere Geschäftsfrau sieht, wie gut es dem Bananenverkäufer geht, und entscheidet sich aus diesem Grund nun ebenfalls dazu, Bananen zu importieren und an ihrem Stand zu verkaufen. Dank dieses Angebots halbiert sich die Schlange vor dem Supermarkt und alle Leute können problemlos Bananen an beiden Orten erwerben. Die Schlangen sind zwar immer noch sehr lang, doch nun können zumindest alle Leute versorgt werden. Ein dritter und ein vierter Geschäftsmann beschließen schließlich ebenfalls, Bananen zu verkaufen. Die Schlangen werden nun immer kürzer. Es kommen weitere Anbieter dazu, so-

```
I sell ice in the winter,
I sell fire in hell,
I am a hustler baby,
I'll sell water to a well.
```

Jay-Z

dass die Leute bald gar nicht mehr anstehen müssen und sofort eine Banane kaufen können. Ein sehr bekannter Wirtschaftswissenschaftler namens Adam Smith nannte dieses Prinzip schon im 18. Jahrhundert »die unsichtbare Hand«: Wenn jeder sich ums eigene Wohl kümmert, dann kriegen alle, was sie wollen oder brauchen.

Irgendwann gibt es aber zu viele Läden. Interessant ist nun, was als Nächstes passiert: Da die Nachfrage gleich ist oder sogar sinkt, weil alle schon genug Bananen haben, das Angebot an Bananen aber mittlerweile sehr groß, bleiben in einigen Läden Bananen übrig bzw. die Käufer weg. Eine Folge davon ist, dass sich Angebot und Nachfrage nun wieder ausbalancieren müssen. Dies bedeutet, dass sich ein paar Läden aufgrund fehlender Kundschaft nicht mehr auf dem Markt behaupten können und pleitegehen. Dies passiert so lange, bis das Angebot wieder etwa genau die Nachfrage bedienen kann.

Du hast es geschafft. Wenn du diesem Beispiel folgen konntest, hast du das Prinzip von Angebot und Nachfrage verstanden und hast die Konsequenzen von Nachfrageüberschuss (wie am Anfang) und Angebotsüberhang (wie am Ende) erkannt.

Moneymaker: Adam Smith und die unsichtbare Hand

Gerade hast du das Prinzip Angebot und Nachfrage kennengelernt. Dabei ging es vor allem darum, dass sich diese zwei Kräfte immer wieder ausbalancieren müssen, sodass es genügend Nachfrager zum Angebot gibt und jeder im Markt bedient werden kann. Doch wie funktioniert dieses Ausbalancieren genau? Zählt jemand die Kunden und rechnet aus, ob es genügend Bananen an dem Tag gibt? Das wäre wohl etwas aufwendig. So kam es, dass sich ein Mann einmal sehr intensiv mit dem Thema auseinandergesetzt hat, um diesen Prozess besser zu verstehen. Um diesen Mann und dessen Theorie geht es jetzt.

Am 16. Juni 1723 wurde ein Kind in Kircaldy in Schottland[1] geboren, das zwei Jahrhunderte später als Vater der Nationalökonomie und Wegbereiter der liberalen Wirtschaftslehre gelten soll. Mit seinem 800-Seiten-Wälzer *Der Wohlstand der Nationen* legte er 1776 den Grundstein der klassischen Ökonomie. In einer Zeit, in der Monarchen Gold und Silber horteten und willkürlich die Regeln des Warenverkehrs bestimmten, machte Smith sich Gedanken über den Geldmarkt, über Angebot und Nachfrage. Sein Ideal? Ein freier Handel, der nicht durch den Staat gesteuert wird. Wie? Staat und Wirtschaft hängen zusammen? Das war nicht immer so und es gibt viele Theorien dazu, in welchem Maß sie einander beeinflussen sollen.

Smith ist vor allem für seine Theorie der unsichtbaren Hand bekannt. Er glaubte nämlich, dass »sobald jeder an sich selbst denkt, so an alle gedacht ist«. Wieso? Wenn jeder an sich denkt, denkt jeder an seinen eigenen Nutzen. Smith war der Überzeugung, dass dieses Verhalten allein schon dazu führt, ein Gleichgewicht zwischen Angebot und Nachfrage zu schaffen. Der Staat müsste sich also nicht einmischen und es gäbe einen sogenannten »freien Markt«, der von einer »unsichtbaren Hand« geführt wird. Die unsichtbare Hand würde zum Beispiel für niedrige Preise und ein buntes Angebot sorgen. Smith stellte sich mit seinen Ideen gegen die in seiner Zeit vorherrschende Strömung des sogenannten Merkantilismus.

Der Merkantilismus gilt als typische Wirtschaftsform zu Zeiten des Absolutismus, also zu Zeiten der Könige. Vorrangiges Ziel war es, den Reichtum der herrschenden Fürsten zu vergrößern. Wer ein großes Land mit vielen Prunkbauten zu regieren hat, muss sich auch verteidigen und organisieren können.

Aber woher soll das ganze Geld für diese Dinge kommen? Ganz einfach: Man muss es schaffen, dass mehr Geld bzw. zu dieser Zeit Gold ins Land fließt. Und wofür kriegt man Gold? Natürlich für Fertigprodukte. Also hat man versucht, so viele Produkte wie nur möglich an das Ausland zu verkaufen, das heißt zu exportieren. Importiert wurden dagegen nur die Rohstoffe, aber niemals die Fertigwaren, durch deren Herstellung sich am meisten Geld verdienen ließ. Die Produkte aus dem Ausland wurden zunehmend unattraktiv, weil sie viel teurer waren. Aber wie wurden sie teurer?

Du musst wissen, dass es damals wie auch heute Zölle gab, die genau bestimmten, wie viel mehr man für ein Produkt aus dem Ausland zahlen musste. Jedes Land hatte seine eigenen Zollbestimmungen. Der Produzent oder Händler zahlte diesen Extrabetrag, also Zoll, um ein weiteres Publikum für sein Produkt ansprechen zu dürfen und dieses beispielsweise neben den Inlandsprodukten im Laden positionieren zu können. Der Preis war hier dann nicht mehr durch Angebot und Nachfrage bestimmt, sondern auch durch Export- und Importzölle. Das heißt, der Käse aus dem Ausland war zum Beispiel viermal teurer als der Käse aus dem eigenen Land. Das führte dazu, dass die Käufer nur noch Produkte aus dem Inland kauften. Der Merkantilismus schlussfolgerte daraus, dass die Gewinne einer Nation mit Verlusten einer anderen Nation einhergingen.

Hier würde Adam Smith laut widersprechen. Er war der Meinung, dass der freie Handel allen Teilnehmern nutzen und demnach auch eine Win-win-Situation für alle Beteiligten herbeiführen könne. Also wollte er die Welt nicht mehr wie die Merkantilisten sehen und die Märkte öffnen. Daraus würde dann ein sich selbst regulierender Markt entstehen, hoffte er.[2] Smith definierte das Aufgabenfeld des Staates neu. Eingreifen sollte der Staat in die Bereiche innere und äußere Sicherheit, Justiz, Bildung, Kommunikations- und Verkehrsinfrastruktur. Hierbei sollte er jedoch nur für die Rahmenbedingungen sorgen und nicht zu regulierend eingreifen.

Laut Smith brauchte die Wirtschaft den Staat nicht zwingend. Er sah vielmehr den Egoismus der Individuen als treibende Kraft der Wirtschaft an. Er war davon überzeugt, dass der Mensch schon von Natur so veranlagt war, eigennützig zu handeln und nur für seinen persönlichen Nutzen zu arbeiten. Wenn jeder aber an sich denken würde, wäre an alle gedacht, und das würde dem Staat selbst zugutekommen und die gesamte Wirtschaft wohlhabender machen.[3]

Als das Werk *Wohlstand der Nationen* 1776 auf den Markt kam, war das Buch noch so dick, dass seine Verleger es in zwei Bände aufteilen mussten. Trotz fehlendem Stichwortverzeichnis und Vorwort wurde das Buch schnell zum Bestseller. Fünf Auflagen erschienen noch zu Smiths Lebzeiten und machten ihn sehr vermögend, denn günstig war das Werk nicht: Die erste Auflage kam zum Preis von 1 Pfund und 16 Schillinge in die Läden. Umgerechnet in heutige Preise wären das etwa 143 Euro. Die zweite Auflage, die 1778 erschien, war dann – aufgrund der hohen Nachfrage – schon um 16 Prozent teurer.[4] Die Industrielle Revolution erlebte Smith nicht mehr, er starb 1790 im Alter von 67 Jahren. Seine Ideen läuteten jedoch ein Zeitalter des Liberalismus ein, welches für die nächsten 100 Jahre das Wirtschaftsgeschehen in Europa bestimmen sollte.

> Why you procrastinate girl; you got a lot, but you just waste all yours.
>
> Azealia Banks

Sein Buch inspirierte zahlreiche andere Ökonomen wie zum Beispiel David Ricardo oder John Maynard Keynes. Adam Smith hat es jedoch als Einziger geschafft, dass man heute noch mit ihm bezahlen kann: Sein Konterfei prangt auf der 20-Pfund-Banknote des Vereinigten Königreichs.

Die Spekulationsblase

Die meisten Menschen sind sehr schnell eingeschüchtert oder gelangweilt, wenn es um das Thema Finanzen geht. Schwer zu verstehen ist das nicht. Schon als Kind zappt man gleich weg, wenn die Nachrichten auftauchen, oder überspringt den Teil in der Zeitung, in dem die Aktienkurse stehen und dicke alte Männer in Anzügen unter fetten Überschriften anderen großen Männern lächelnd die Hände schütteln.

Es scheint keinen Ort auf der Welt zu geben, an dem man sich nicht eingeschüchtert fühlt von dem Thema Geld. Besonders die Amerikaner haben über die Jahre äußerst prunkvolle Bankgebäude errichtet. So verbindet sich natürlich schon rein äußerlich das Thema Börse und Geld mit dem Thema Reichtum und Macht. Wer sich in der Welt der Börse behaupten möchte und schnell reich werden will, muss schlau sein und idealerweise an einer der besten Universitäten des Landes studiert haben, ist die gängige Überzeugung. Doch, was, wenn das nicht stimmt? Was, wenn sich diese piekfeinen Mitarbeiter in den Bankfilialen, die oberschlauen Aktienhändler an den Börsen, die Ratgeber im Fernsehen nur so furchtbar schlau geben, aber lediglich halb so gescheit sind, wie sie tun?

Von Zeit zu Zeit richten genau diese Finanzexperten nämlich schrecklichen Unfug an – alle zusammen. Das hat man zuletzt bei der Finanzkrise 2008 schmerzlich bemerken müssen, als den Superklugen wieder einmal bekannte und schwerwiegende Fehler unterlaufen sind. Sie alle sind auf eine »Spekulationsblase« hereingefallen. Doch nicht nur zu diesem Zeitpunkt ist eine große Spekulationsblase geplatzt – nein, es gab solche Dinge schon sehr viel früher, eigentlich sogar bereits seit Anfang des 17. Jahrhunderts. Doch was genau ist eine Spekulationsblase und wie entsteht sie?

Ein historischer Fall: Die Tulpenmanie

Wenn viele Leute zur gleichen Zeit auf dieselbe Idee kommen, dann passieren oft unschöne Dinge. Eines davon sind Spekulationsblasen.

Zum Beispiel kann eine Idee sein, Blumenzwiebeln zu kaufen. Damit kann man reich werden? Nicht unbedingt.

Man muss es sich wahrscheinlich so vorstellen, dass ganz normale Menschen anfingen, mit exotischen Blumen ihre Gärten zu verzieren – dabei hatten sie sich besonders auf Tulpen aus dem Gebiet der heutigen Türkei fixiert. Dies taten die Leute sehr gerne und gaben mit den verschiedensten Formen und Farben der Tulpen gehörig an. Besonders beliebt war eine geflammte Variante, die »Semper Augusta« genannt wurde.

Irgendwann kamen schlaue Geschäftsleute auf eine anfangs harmlose Idee: »Hey Leute, lasst uns doch Tulpenzwiebeln von besonders schönen Arten kaufen. Die Blumen können wir später, wenn sie gewachsen sind und schön ausschauen, mit Gewinn an Blumenfreunde verkaufen!« Die Idee war ja ganz schön – hätten es die Leute in Holland damals nicht übertrieben. Zu der Zeit waren die Tulpen noch ziemlich neu. So neu, dass sich nur reiche Leute leisten konnten, sich ihre Gärten mit ihnen zu verschönern. Feine Damen fanden es sogar toll, sich diese ins Haar zu stecken! Wer also reich werden wollte, oder zumindest seinen Freunden und Bekannten imponieren wollte, kaufte Tulpenzwiebeln ein, um sie weiterverkaufen zu können. Natürlich blieb diese Einkommensquelle nicht lange ein Geheimnis und sprach sich schnell in der Nachbarschaft, der ganzen Stadt und im gesamten Land herum, bis alle ins Tulpengeschäft einsteigen wollten. Manche Leute waren so erpicht darauf, Tulpenzwiebeln zu kaufen, dass sie ihr gesamtes Vermögen dafür ausgaben.

Vielleicht denkst du jetzt: »Wieso muss man sein ganzes Vermögen in Tulpenzwiebeln stecken? Die sind doch gar nicht teuer!« Der Grund ist ganz einfach. Wenn die Nachfrage nach Tulpenzwiebeln exorbitant steigt, kommt das Angebot nicht nach. Auch dann nicht, wenn es von heute auf morgen auf einmal 30 Gärtner mehr in der Stadt geben würde. Und nimmt die Nachfrage nach einem Produkt zu, in unserem Fall nach Tulpenzwiebeln, erhöht sich auch der Preis dafür. Nach ein paar Jahren kostete eine Tulpenzwiebel daher 50-mal so viel wie zu Beginn.

Eine einzelne Tulpenzwiebel soll laut Schätzungen zwischenzeitlich in heutiger Währung bis zu 50 000 Euro[5] gekostet haben. Das konnte auf Dauer natürlich nicht gut gehen! Jeder wollte sich am lukrativen Geschäft mit den Tulpen beteiligen und spekulierte ebenfalls mit den Blumenzwiebeln – ähnlich, wie das 500 Jahre später am Neuen Markt mit Unternehmensaktien geschah. 1637 war es dann so weit – der Tulpenwahn crashte und die Leute wurden ihre zuvor noch so teuer gehandelten Tulpenzwiebeln nicht mehr los. Letzten Endes haben viele ihre Zwiebeln für viel weniger verkaufen müssen, als sie selbst einmal dafür bezahlt hatten.

Die Spekulationsblase

Diese Geschichte klingt vollkommen verrückt, aber es ist eine wahre Geschichte und das Verrückte ist eigentlich, dass sich die Geschichte regelmäßig wiederholt! Solche Spekulationsblasen kommen immer wieder vor, alle paar Jahrzehnte entstehen richtig große. Es gab Spekulationsblasen um Autos, um Internetunternehmen, sogar um Hauskredite für arme Leute in den USA. Aber warum passiert das jedes Mal von Neuem? Lernt denn keiner was hinzu? Die Wahrheit ist, dass es immer ein paar Schlaue gibt, die das Ganze schon kommen sehen und von Anfang an sagen, dass das alles überbewertet ist und bald zu einem Ende kommen wird. Doch manche von ihnen nutzen dieses kurze Zeitfenster bis zum Platzen der Blase dazu, selbst zu investieren und schnell Geld zu machen.

In der zweiten Hälfte des Buches wirst du anhand eines aktuellen Beispiels erfahren, woran man Spekulationsblasen erkennt. Manchen gelingt dies in der Tat, sie kaufen die Aktie und verkaufen sie manchmal Stunden oder Tage später wieder für den doppelten Wert und machen so viel Gewinn. Viele aber verzocken ihr Geld und reizen das Ganze so weit aus, dass sie nicht mehr in der Lage sind, Gewinn zu erzielen.

Wer sich intensiver mit dem Thema Spekulationsblasen beschäftigen möchte, sollte sich unbedingt den Spielfilm *The Big Short* anschauen. Darin geht es um die große Finanzkrise 2008 und um die Spekulationsblase, die platzte. Wir werden uns auf jeden Fall im Folgenden noch mit einem Charakter aus dem Film beschäftigen, den es auch im wahren Leben gegeben hat: Michael J. Burry. Aber dazu später mehr! Womöglich warst du noch etwas jung, als die Finanzkrise eingeschlagen hat, um wirklich zu begreifen, was für einen Effekt das Ganze hatte, doch das wird sich mit dem folgenden Kapitel hoffentlich ändern.

Kurze, nicht wissenschaftliche (!) Checkliste, um herauszufinden, ob etwas eine Blase ist:

1. Wenn Leute, die absolut nichts mit Aktien am Hut haben, auf einmal anfangen, in welche zu investieren.
2. Wenn Leute sogar ihren Job aufgeben, um den ganzen Tag nur wild zu kaufen und zu verkaufen.
3. Wenn Leute aggressiv und sehr verletzt auf jemanden reagieren, der die Aktie skeptisch betrachtet, und ihn sogar beleidigen.
4. Wenn jede Prognose schockt.
5. Wenn die Börse einen immer größeren Teil der öffentlichen Berichterstattung einnimmt.
6. Wenn du das Gefühl hast, du verpasst etwas, wenn du jetzt nicht sofort auch in diese Aktie investierst.

Der Markt und die Banken

Du kennst bereits das Modell der »unsichtbaren Hand« von Adam Smith, das besagt, dass der Markt sich quasi selbst korrigieren kann. Doch was ist mit »korrigieren« gemeint? Macht der große mächtige Markt vielleicht Fehler? Natürlich diskutieren nicht nur die einfachen Leute dieses Thema, wenn mal eine Krise eintritt. Da mischen dann allerlei Leute mit: Philosophen, Wirtschaftswissenschaftler, Mathematiker, Politiker und viele mehr. So wurden auch schon viele Bücher darüber geschrieben, wie man mit Krisen umzugehen hat, und auch Ideen erläutert, wie solche Krisen entstehen.

Der Markt und die Banken

Wie du in diesem Buch erfahren wirst, hat die aktuelle Wirtschaftssituation nicht nur Einfluss auf die Welt der großen mächtigen Chefs, sondern auch auf uns, die einfachen Leute sozusagen. Und obwohl wir einfachen Leute meistens nichts damit zu tun haben, wenn da »oben« mal Mist gebaut wird, stecken wir irgendwie in dem Schlamassel drin und müssen mitdenken und an einer Lösung arbeiten.

Die Meinung eines Philosophen hast du ja bereits kennengelernt: Adam Smith. Nur noch einmal zum Mitschreiben. Er hat sich auf das Prinzip der »unsichtbaren Hand« verlassen. Ein Prinzip, das davon ausgeht, dass sich der Markt von selbst wieder einpendelt, sollte etwas aus dem Ruder laufen. Eine Grundannahme der heutigen Marktwirtschaft! Doch viele misstrauen mittlerweile dieser Einstellung oder erkennen klare Schwächen und führen auch sehr berechtigte Gründe dafür an. Der Nobelpreisträger Joseph E. Stiglitz bringt diese Zweifel folgendermaßen zum Ausdruck: »Vielleicht ist die unsichtbare Hand auf vielen Märkten deshalb unsichtbar, weil sie gar nicht da ist.«[6]

> Cash Rules
> Everything Around Me.
>
> Wu-Tang Clan

Kritische Stimmen sehen auch die Begrenzungen existierender Expertenmodelle, die letztlich offenbar nicht immer dazu taugen, das Wirtschaftsleben in seiner Komplexität zu erfassen. »Die heutigen gesamtwirtschaftlichen Modelle haben keinen Platz für eine Krise«, behauptet der Professor für Ökonomie Alan Kirman. »Sie können nur Volkswirtschaften behandeln, die im Gleichgewicht sind.«[7]

Ich selbst habe Wirtschaftskurse an der Universität absolviert und kann versichern, dass Konsumenten oftmals Dinge unterstellt werden, die meistens nicht der Realität entsprechen, wie etwa rationales Vorgehen und eine bestmögliche Auswertung aller vorhandenen Fakten. Dazu kann ich nur sagen:

1. Schon allein weil ich selbst als Jugendliche eine gewisse Kaufsucht entwickelt habe, ist es vollkommen utopisch, anzunehmen, dass ich »rational« agiere.
2. Wenn ich mal einen Kaffee mit einer Freundin trinken gehe, vergleiche ich nicht die Preise und verwerte ›alle meine verfügbaren Informationen optimal‹. Nein, der Starbucks in der Nähe ist trotz höherer Preise immer noch unser Lieblingscafé.[8]

Zu guter Letzt kann ich auch nicht nachvollziehen, warum Ökonomen in ihren Modellen davon ausgehen, dass alles gut läuft und der Markt einwandfrei funktioniert. Ideal war das Ergebnis im Jahr 2008 ja sicher nicht, als das Platzen einer ganz speziellen Spekulationsblase die ganze Welt erschütterte. In diesen Modellen fällt aber eher weniger bis gar nicht ins Gewicht, dass es so etwas wie Spekulationsblasen gibt oder Unternehmen mit unfairen Mitteln bestimmte Preise durchdrücken. Wenn all das darin nicht existiert, laufen diese Modelle dann nicht vollkommen an der Realität vorbei?

Wie deine Bank aus deinem Geld mehr Geld macht

Bevor wir uns anschauen, wie genau die größten Banken der Welt 2008 in eine Finanzkrise gerutscht sind, möchte ich sichergehen, dass klar ist, wie eine Bank funktioniert. Eine Tatsache sollte dir dabei stets bewusst sein: Das Ziel einer Bank ist es, Geld zu vermehren. Wie genau stellt sie das aber an? Welche Mittel hat die Bank und welche Rolle spielst du dabei?

Der Markt und die Banken

Vielleicht hast du als Kind öfter mal Geldgeschenke von Oma und Opa erhalten. Wahrscheinlich hast du die brav in deine Spardose gesteckt. Ich zumindest habe das lange so gemacht, bis mein Papa meinte: »Kind, wir müssen für dich ein Konto anlegen. Jeder erwachsene Mensch hat ein Konto und du willst doch auch erwachsen werden, oder?« Ich nickte eifrig und packte mein ganzes Geld zusammen. Gemeinsam liefen wir zur Sparkasse und eröffneten dort mein erstes eigenes Konto. »Aber Papa, wieso kann nicht jeder einfach sein Geld in der Spardose behalten? Wieso muss ich das auf mein Konto einzahlen?«, fragte ich. »Damit du für dein gespartes Geld noch mehr Geld bekommst!«, versuchte er zu erklären. Alles, was ich da heraushörte war: »Die Bank gibt dir einfach so Geld.« Ich verstand die Welt nicht mehr, aber da in diesem Moment das Glück auf meiner Seite zu sein schien, hatte ich nichts einzuwenden. Erst Jahre später erklärte mir mein Wirtschaftslehrer am Gymnasium, was da eigentlich vor sich ging, und brachte Licht ins Dunkel.

> I leave the rest just to collect interest.
>
> Nicki Minaj

Also, warum schreibt einem die Bank einfach so noch extra Geld, sogenannte Zinsen, auf dem Konto gut? Man hat doch weder gearbeitet, noch wird einem etwas geschenkt.

Die Antwort: Die Bank verleiht dein Geld größtenteils an jemanden weiter. Dies kann zum Beispiel jemand sein, der ein Haus bauen will und dafür geliehenes Geld, einen Kredit, braucht. Vielleicht ist es aber auch dein Nachbar, der ein neues Auto kaufen möchte, aber im Moment nicht genug Geld dafür besitzt. Doch nicht nur Privatpersonen spielen hier eine Rolle, auch Unternehmen können sich Geld von der Bank leihen, genauer das Geld, das du auf dein Konto gelegt hast. Egal, wem die Bank etwas leiht: Sie verlangt in fast jedem Fall höhere Zinsen von dem, dem sie das Geld ausleiht, als sie dir für deine – sagen wir – 100 Euro gibt. Beispielsweise bezahlt sie dir im Jahr 2 Prozent oder eben 2 Euro – aber dein Nachbar, der sich ein Auto kaufen will, muss um die 6 Prozent oder 6 Euro Zinsen an die Bank bezahlen. Warum aber diese Ungleichheit? Warum verdienst du nicht genauso viel wie die Bank an solchen Investitionen? Wenn du den Einzelfall genauer betrachtest, dann ist es eigentlich ziemlich klar, wer hier das Risiko trägt. Denn was passiert, wenn dein Nachbar nicht in der Lage ist, das geliehene Geld zurückzuzahlen? Wer kommt dann für die Investition auf? Natürlich die Bank. Dann gibt es zum einen keine Zinsen mehr von ihm, der Bank fehlt es aber nicht nur an diesen Zinsen, sondern das gesamte geliehene Geld bleibt aus. Letztendlich hat die Bank den Schaden. Sie muss dir ja dein Geld samt deiner Zinsen zurückgeben.

Natürlich kann die Bank nicht kontrollieren, ob du dein Geld auf deinem Konto lässt. Es steht dir ja schließlich jederzeit frei zur Verfügung. Du könntest von dem einen auf den anderen Tag einfach dein gesamtes Vermögen abheben, vorausgesetzt, dein Geld liegt auf einem normalen Konto oder auf einem Sparbuch. Mit dem Nachbarn aber würde die Bank eine Rückzahlung beispielsweise innerhalb von zwei Jahren vereinbaren. Das heißt, wenn du dein Geld irgendwann zuvor plötzlich vom Konto nimmst, muss die Bank vielleicht Ersatz schaffen – und das kostet sie dann zusätzlich. Deshalb bezahlt die Bank dir meistens auch höhere Zinsen, wenn du dein Geld bei ihr für einen bestimmten Zeitraum festlegst, mit dem die Bank rechnen kann.

Wie aber entsteht aus diesem System mehr Geld? Es ist ganz einfach: Wenn die Bank dein Geld verleiht, hat sie es geschafft, dass deine 100 Euro in diesem kurzen Augenblick verdoppelt wurden. Denn du kannst deine eigenen 100 Euro nach wie vor ausgeben und sie gehören dir, doch auch dein Nachbar, der ein Auto kaufen möchte, hat Zugriff auf dieses Geld. ABER nur gegen Zinsen. Diese Zinsen sind der Grund, warum sich das Geld am Ende vermehrt. Denn dein Nachbar zahlt am Ende nicht 100 Euro zurück, sondern bei einem Zinssatz von 6 Prozent ganze 106 Euro. Für die Bank ein Gewinn. Sie hat aus Geld noch mehr Geld gemacht. Mission accomplished! Eine Bank muss sich ja auch darum kümmern, dass es immer genug Geld in der Kasse gibt, wenn normale Leute wie wir unser Geld abheben wollen.

Ich erinnere mich daran, als meine Eltern unser Reihenhaus kaufen wollten. Dabei achtete die Bank ganz genau darauf, was für einen Beruf meine Eltern ausübten, ob sie jemals in finanziellen Notlagen gesteckt hatten und ob sie vertrauenswürdig erschienen. Denn eine Bank sollte ja schließlich nicht jedem einfach so Geld ausleihen. Das wäre zu risikoreich gespielt, oder? (Mehr dazu im folgenden Kapitel). Oft fordert sie eine Art Sicherheit dafür, dass sie jemandem etwas leiht. Von uns wurde beispielsweise verlangt, der Bank das Recht einzuräumen, im Notfall unser Haus verkaufen zu dürfen. Es würde aber nur so weit kommen, wenn wir nicht in der Lage wären, den Kredit abzuzahlen. Sicherheiten stellen also so etwas wie den Plan B dar, eine Art Sicherheitsnetz für die Bank. Und doch: Wenn zu viele Hausbauer ihren Finanzplan aufgeben müssen, gerät die Bank in Schwierigkeiten. Denn falls sehr viele Häuser verkauft werden müssen, sinkt deren Wert und dann reicht der erzielte Gewinn nicht mehr, um das verlorene Geld zu ersetzen. Und wird es ganz schlimm, kann die Bank dir eventuell deine 100 Euro nicht mehr auszahlen, wenn du sie abheben willst. Du wirst sehen, dass dies nicht einfach nur utopische Szenarien sind, die man sich aus Langeweile überlegt, sondern diese Ausnahmefälle sind in der Geschichte schon aufgetreten. Ein Glück, dass du ein paar dieser Geschichten gleich zu hören bekommst. Denn dann kannst du gleich mitlernen und dafür sorgen, dass wir unsere Fehler nicht wiederholen. Das wäre zumindest mein großer Wunsch!

Die Finanzkrise 2008

Als Auslöser der weltweiten Finanzkrise gilt das Platzen der Immobilienblase in den USA. Immer mehr Amerikaner mit einem geringen Einkommen erhielten damals einen Kredit zum Kauf eines Hauses, obwohl höchst unsicher war, ob sie diesen jemals würden abzahlen können. Als die Zinsen stiegen, konnten viele ihren Kredit nicht mehr bedienen, ein Mechanismus, der sich auf die Geldgeber auswirkte und schließlich zu einer weltweiten Bankenkrise führte.

> **Was ist ein Kredit?**
>
> Das ist der Betrag, den jemand von jemandem oder einer Bank geliehen bekommt, als Gegenleistung muss er später nicht nur denselben Betrag, sondern zusätzlich auch Zinsen zurückzahlen.

Moneymaker: Michael J. Burry – die Finanzkrise 2008 und der Held, der sie zuerst entdeckte

Der Mann, der die Finanzkrise vor allen anderen kommen sah und zugleich auch der Held im Film *The Big Short* von 2015 ist, heißt: Michael Burry. Das Witzige daran ist, dass Michael Burry so gar nicht dem typischen Klischee des Wall-Street-Tycoons entspricht, der süchtig nach Macht und Geld ist. Er war ursprünglich Neurologe, besitzt ein Glasauge, hört am liebsten Heavy Metal und läuft in seinem abgedunkelten Büro barfuß und im T-Shirt herum. Mit seinem Hedgefonds Scion Capital wettete Michael Burry vor dem Ausbruch der Finanzkrise 2007 auf den Kollaps des US-Immobilienmarktes und gewann die Wette.

Wer ist dieser Mann? Peter Balsiger beschreibt in seinem Buch *Die Erfolgsgeheimnisse der Börsenmillionäre*[9] ganz wunderbar die Lebensgeschichte. Burry pflegte in der Kindheit nicht besonders viele Freundschaften. Bereits sehr früh wurde bei ihm eine seltene Form von Krebs diagnostiziert. Dieser wurde zwar erfolgreich entfernt, doch er verlor bei der Operation sein linkes Auge. Nicht nur das erschwerte es ihm, Freunde zu finden. Er hatte auch autistische Züge, war eher ein Einzelgänger und pflegte zu sagen: »Ich brauche keine Freunde.« Michael Burry war ein sehr guter Schüler mit hoher Konzentrationsfähigkeit. Er schaffte es problemlos an eine der besten Universitäten des Landes und entschied sich für ein Medizinstudium. Interessant ist jedoch, dass er absolut kein Interesse an Medizin hatte, aber er ging davon aus, dass dieses Studium nicht besonders schwierig war.

Seine eigentliche Leidenschaft galt immer schon der Börse. Sein Vater hatte ihm früh die Kurs-Seiten in den Zeitungen erklärt und vor Börsenspekulationen gewarnt. Burry konnte stundenlang Kursentwicklungen und Unternehmensberichte studieren. Als er älter war, füllte er neben seinen 16-Stunden-Schichten im Krankenhaus immer zwischen Mitternacht und 3 Uhr seinen eigenen Finanzblog mit Analysen und Investmenttipps. Selbst große Fonds wie Fidelity oder Investmentbanken wie Morgan Stanley zählte er zu seiner Fangemeinde. Im Jahr 2000 kündigte er im Krankenhaus, um seinen eigenen Hedgefonds zu gründen und sich komplett seiner Leidenschaft zu widmen. Von seinen Brüdern und seiner Mutter bekam er 50 000 Dollar und seine eigenen Ersparnisse beliefen sich auf etwa 40 000 Dollar. Dieses Geld nutzte er als Startkapital für seinen eigenen Fonds. Das ganze Management bestand aus einem einzigen Mann, der in einem geschlossenen und abgedunkelten Büro im kalifornischen Cupertino saß, barfuß herumspazierte und endlos über Unternehmensberichten und öffentlich zugänglichen Finanzdaten brütete. Er suchte nach Gerichtsurteilen, Geschäftsabschlüssen und Entscheidungen der Aufsichtsbehörden – alles, was den Wert eines Unternehmens beeinflussen konnte. Schnell sprach sich bei namhaften Banken und Investoren herum, dass Michael Burry nun als Finanzmanager aktiv war. So hatte sein Hedgefonds Scion Capital schon bald 10 Millionen Dollar Kapital. Er schlug in den kommenden Jahren die Börse immer wieder. Das heißt? Im ersten Jahr, 2001, fiel der S&P 500 (ein Index, der die Aktien von 500 der größten börsennotierten US-Unternehmen abbildet) um 11,8 Prozent – Scion legte jedoch um 55 Prozent zu und performte daher sehr viel besser als der Index. Im nächsten Jahr sank der S&P 500 wieder um 22,1 Prozent – Scion stieg um 16 Prozent. Dies ging noch ein paar Jahre so weiter, bis Burry 2004 etwa 600 Millionen Dollar an Kundengeldern verwaltete. Sein Erfolg verbreitete sich so schnell, dass er 2005 potenzielle Investoren abweisen musste – Scion lag zu diesem Zeitpunkt 242 Prozent im Plus! 2004 ahnte Burry bereits, dass der Immobilienmarkt in den USA vor dem Kollaps stand.

Wer versucht, heute ein Haus zu erwerben, muss ein festes Einkommen vorweisen und klar beweisen, dass er imstande ist, den Kredit auch abzubezahlen. Vor der Krise verlief das in den USA jedoch etwas anders. Es gab sogar Fälle, in denen Käufer weder geregeltes Einkommen noch eine andere Art von Besitz vorweisen konnten – die sogenannten Ninja-Kredite: No income, no job, no asset (englisch für: kein Einkommen, keine Arbeitsstelle, keine Vermögenswerte)[10]. Die Tatsache, dass Kredite bedenkenlos vergeben wurden und nicht einmal nachgefragt wurde, wie die aktuelle Jobsituation der Leute aussah, machte das Ganze so gefährlich.

Im Film *The Big Short* werden extreme Beispiele dieser Praxis gezeigt. Das gibt es zum Beispiel eine Szene mit einer Stripperin, die fünf Häuser und eine Eigentumswohnung auf Kredit erworben hat. Ein angeblich sicheres Geschäft, denn der Wert der Häuser schien ohne Unterlass weiter zu steigen – zumindest von 1998 bis Mitte 2006 verdoppelten sich die durchschnittlichen Immobilienpreise.

Der Film präsentiert einen wirklich hollywoodreifen Aha-Moment für Michael Burry, als er versucht zu ergründen, wie sich der starke Zuwachs an Immobilienkrediten erklären lässt. Er schaut im Detail bei den Krediten nach. Wer sind die Käufer? Wie kreditwürdig sind sie? Wie wurden sie bewertet? Und er stellt fest: Die meisten Bewertungen spiegeln gar nicht den wahren Wert wider.

Burry sagte tatsächlich dazu: »Es kam mir vor, als ob ich bei einem Flugzeugabsturz zuschaute. Ich hatte diesen Traum tatsächlich wieder und wieder.«[11] Als er begriff, dass der amerikanische Immobilienmarkt kurz vor dem Kollaps stand, entschied er sich zu handeln.

Er kaufte für 60 Millionen Euro sogenannte Credit Default Swaps (CDS) von der Deutschen Bank – handelbare Kreditausfallversicherungen, mit denen sich Gläubiger vor dem Platzen von Krediten und Anleihen absichern können und die ihrem Inhaber bei Kreditausfall Geld einbringen. Später sollte der legendäre Investor Warren Buffett solche CDS als »Massenvernichtungswaffe« brandmarken. Denn aus Versicherungsscheinen wurden Zockerpapiere. Wer glaubte, ein bestimmtes Unternehmen werde in Zahlungsschwierigkeiten geraten, deckte sich mit den entsprechenden Swaps ein. Das bedeutete, dass er offiziell darauf hoffte, dass die Immobilienpreise fielen – im Fachchinesisch nennt man das »shorten«. Jetzt weißt du, warum der Filmtitel *The Big Short* lautet. Dann platzte die Blase und Burry bewies seinen Investoren, dass er mit seinen pessimistischen Prognosen zum US-Immobilienmarkt Recht gehabt hatte.

Burrys Plan ging auf und er wurde damit reich. Die Leute, die an ihn geglaubt und auf die CDS vertraut hatten, konnten nun kräftig mitverdienen, genauer gesagt erzielte im Juni 2008 jeder Investor von Scion Capital einen Nettogewinn von 490 Prozent. Damit lag der Gewinn (brutto) des Fonds bei 726 Prozent. Seine anfangs skeptischen Investoren konnten sich nun entspannen, während alle anderen mit einer Krise zu kämpfen hatten. Burry hat rund 100 Millionen Dollar an der Finanzkrise verdient. Er entschied sich danach dazu, eine langjährige Pause zu machen und nahm dann seine Arbeit wieder auf, als er Hedgefonds Scion Asset Management gründete.

Definiere Leitzins!

»Unter Leitzinsen versteht man die von der zuständigen Zentralbank festgelegten Zinssätze, zu denen sich Geschäftsbanken bei einer Zentral- oder Notenbank Geld beschaffen oder anlegen können. In der Eurozone ist die Europäische Zentralbank (EZB) zuständig für die Festlegung der Leitzinsen.« – Bundesfinanzministerium[12]

Burry warnt mittlerweile schon wieder vor einem neuen Crash. »Wie damals versuchen wir, Wachstum mit billigem Geld zu stimulieren«, erklärte er dem *New York Magazine*. »Das hat noch nie funktioniert, aber es ist das einzige Werkzeug, das der US-Notenbank noch zur Verfügung steht. Das ist absolut toxisch!« Burry ist überzeugt, dass der Crash über kurz oder lang kommen wird.[13]

Wie aus der Immobilienkrise eine Bankenkrise wurde

Als die amerikanischen Leitzinsen wieder stiegen, hatte das fatale Folgen. Bereits Ende 2006 konnten viele Amerikaner, die sich ein Eigenheim auf Pump gekauft hatten, ihre Raten nicht mehr bezahlen. Die Immobilien mussten zwangsversteigert werden und aufgrund des großen Angebots fielen die Häuserpreise und damit die Gewinne, die damit erzielt werden konnten. Mit der Zeit gingen die Banken immer größere Risiken ein, wenn es darum ging, ein gutes Geschäft zu machen. Sie haben sich viele Wege überlegt, wie sie ihre Kunden zum Kauf ihrer Finanzprodukte bewegen konnten. Dabei kamen die Banker schon bald auf die Idee für ein neues Produkt, mit dem sie Leute überzeugen wollten, ihr Geld an sie loszuwerden. Und das funktionierte folgendermaßen:

Es ist normal, dass Hypothekenkredite, also Darlehen zur Finanzierung von Häusern und anderen Immobilien, bewertet werden. Je nachdem, wie sicher es ist, dass die Hypothek abbezahlt wird und wie kreditwürdig der Gläubiger ist, werden diese Hypotheken entweder mit guter, mittlerer oder schlechter Bonität ausgezeichnet, also mit der Aussage, dass sie sicher, weniger sicher oder gar nicht sicher sind. Das neue Finanzprodukt sollte eine Mischung dieser drei Arten von Hypotheken vornehmen und sozusagen ein ganz eigenes Päckchen schnüren. Dieses Päckchen wurde dann mit einer eigenen Bonität versehen und konnte fortan als neues Wertpapier gehandelt werden. Diese Erfindung trug den Namen: Mortgage Backed Securities.

Diese Wertpapiere wurden wiederum in Fonds zu sogenannten Collateralized Debt Obligations (CDO) gebündelt. Das bedeutet, diese neuen Wertpapiere wurden mit anderen Finanzprodukten zusammengefasst und neu gehandelt. Sollte also ein Kredit ausfallen, würde nicht das ganze System versagen, sondern durch die Bündelung mit anderen Papieren sollten einzelne Ausfälle ausgeglichen werden. Doch das war falsch gedacht. Durch die unterschiedliche Qualität der Kredite kam es vielmehr zu einem erheblichen Wertverlust der gesamten CDOs. Doch damit war noch nicht Schluss. Das wirklich Gefährliche war etwas anderes. Diese neu geschaffenen Finanzprodukte bzw. CDOs wurden noch mal aufgeteilt und zu anderen Wertpapierpaketen geschnürt, die weltweit an Banken verkauft wurden. Nun wurde quasi auf ein Kreditpaket eines Kreditpakets voller fauler Kredite gewettet. Das klingt zu kompliziert für dich? Nun, zugegebenermaßen haben das auch nicht allzu viele Leute zu dem Zeitpunkt durchschaut. Das Kartenhaus musste aber schließlich irgendwann zusammenfallen, und dieses komplexe System führte letztlich dazu, dass kein Finanzinstitut mehr wusste, welche Papiere sich in seinen Büchern befanden.

Fun Fact

Es gibt ein YouTube-Video mit Selena Gomez, das CDO noch einmal etwas witziger erklärt. Um es zu finden, musst du einfach mal die Suchbegriffe »Selena Gomez CDO« bei YouTube eingeben.

Der Markt und die Banken

Auf diese Art und Weise konnten die Banken allerdings auch sehr viel Geld verdienen. Das freute dann nicht nur die Chefs, sondern natürlich ebenso die Mitarbeiter. Die hatten schließlich auch was davon, wenn der Gewinn sich für das eigene Unternehmen erhöhte. Sie bekamen einen Bonus am Ende des Jahres, also quasi extra Geld für das Verkaufen von extrem vielen CDOs. Viele der Mitarbeiter dürften nicht die nötige Weitsicht gehabt haben, um die Folgen ihres Handelns abzusehen. Sie wussten nicht, dass ihr Vorgehen so schädlich war, dass die Welt dadurch auf einen Kollaps zusteuerte. Sie machten also einfach weiter. Gute Kredite wurden weiterhin mit faulen Krediten in eine Box gesteckt und nach weiteren Aufteilungen zu guten Bewertungen verkauft. Misstrauen keimte da wahrscheinlich in den wenigsten, denn alle vertrauten den großen Rating-Agenturen. Und die bewerteten die Wertpapiere oftmals mit der besten Note: einem Triple A, also AAA.

Doch es kam, wie es kommen musste. Die Blase musste irgendwann platzen. Da immer mehr Kreditnehmer ihre Kredite nicht mehr bezahlen konnten, gab es so viele Zwangsversteigerungen, dass die Immobilienpreise stark fielen und wenig Gewinn erzielt wurde. Die Käufer der kreditversicherten Hypotheken, darunter viele Banken, mussten Abschreibungen in Milliardenhöhe vornehmen.

Den ersten Höhepunkt erreichte die Krise bereits im Sommer 2007. Normalerweise leihen sich Banken untereinander Geld, doch die Banken vertrauten sich gegenseitig nicht mehr und halfen einander auch nicht mehr aus der Patsche. Die Konsequenz: Die weltweiten Finanzströme kamen ins Stocken.[14] 2008 war es dann so weit. Der Crash kam und fing am 15. September 2008 damit an, dass die Investmentbank Lehman Brothers Konkurs anmeldete. Ab da ging es weltweit bergab und die Börsenwerte fielen in den Keller.

> ### Was heißt Insolvenz?
>
> Insolvenz bedeutet Zahlungsunfähigkeit. Eine solche liegt vor, wenn der Schuldner seinen Zahlungsverpflichtungen nicht mehr nachkommen kann, da ihm dazu die erforderlichen Geldmittel fehlen.[15]

Viele Unternehmen, die sich auf diese neuen Finanzprodukte eingelassen hatten, durften nun die schweren Konsequenzen der Krise tragen. Nur zwei Tage nach der Pleite von Lehman Brothers musste die US-Notenbank dem Versicherungsriesen AIG mit 85 Milliarden Dollar unter die Arme greifen. Wenige Tage darauf ließ die US-Regierung verlauten, dass sie die Finanzbranche mit 700 Milliarden Dollar unterstützen werde. Doch die Krise nahm weiter ihren Lauf und Ende September musste die größte US-Sparkasse Washington Mutual ihren Zusammenbruch bekannt geben und der Finanzkonzern Fortis konnte nur mithilfe der Regierungen der Benelux-Staaten und der Bereitstellung von insgesamt 11,2 Milliarden Euro gerettet werden. Auch Island war von der Krise betroffen und der isländische Ministerpräsident übernahm Anfang Oktober die Kontrolle über das Bankensystem, da er einen Staatsbankrott befürchtete. Am 13. Oktober 2008 wurde in Deutschland das teuerste Gesetz seiner Geschichte beschlossen und fast 500 Milliarden Euro in einen Rettungsschirm für Banken investiert. Sorgen bereitete vor allem die Hypo Real Estate, die trotz Unterstützung mit 102 Milliarden Euro schlussendlich verstaatlicht werden musste.[16]

Aber wie kam es dazu, dass ein Staat einer Bank aushilft? Der Blumenladen nebenan wird doch auch nicht vom Staat einfach so finanziert, wenn er pleitegehen sollte.

Der Markt und die Banken

Too big to fail

Als systemrelevant oder *too big to fail* (englisch für »zu groß zum Scheitern«) werden Unternehmen bezeichnet, die eine derart bedeutende wirtschaftliche Rolle spielen, dass ihre Insolvenz einfach nicht akzeptiert werden kann. Wackelt einer dieser »Riesen«, wird er in der Regel mit öffentlichen Mitteln (sogenannten Bail-outs) vor dem Fall geschützt. Nicht nur Banken und Versicherungen zählen dazu, auch Staaten können davon betroffen sein. Besonders problematisch ist die Zahlungsunfähigkeit eines Staates, wenn er einer Währungsunion wie der EWU angehört und keine eigene Geldpolitik mehr aufweist.[17]

Die Kritik an diesem System? Nun, normalerweise sollte ja nicht der Staat über den Erfolg einer Geschäftsidee oder eines Unternehmens entscheiden, sondern der Markt selbst. Wieso? Damit Marktteilnehmer möglichst frei handeln können und ein weitgehend unverzerrtes Funktionieren der Märkte zugelassen und geschützt wird. Daher sollte ein Unternehmen, welches am Markt nicht bestehen kann, aus diesem auch ausscheiden können. Und das sollte insbesondere für Banken gelten, um leichtfertiger Misswirtschaft vorzubeugen.

Natürlich sind sich diese Unternehmen ihrer Relevanz auf dem Heim- bzw. Weltmarkt bewusst, sie wissen, dass sie allgemein als so wichtig eingestuft werden, dass sie aus jedem Schlamassel gerettet werden. In dem Fall kommt dann der Staat und hilft mit großen Finanzpaketen. Dadurch, dass dieses Auffangnetz besteht, können die Unternehmen insgesamt größere Risiken eingehen, als dem normalen Konsumenten geheuer wären, man nennt diese Gefahr auch *moral hazard*[18] – moralisches Risiko.

4. AKTIEN SIND NICHT BÖSE

Fast alle Dinge, die du mit deiner Hand anfassen, mit deinen Augen sehen, mit deinen Ohren hören kannst, wurden von einem Unternehmen hergestellt. Jeder Schreibtisch, jedes Kissen, sogar die Sendungen, die du schaust, oder auch die Hörbücher, die du nachts vielleicht laufen hast. Die Tatsache, dass du dir die Sachen gekauft hast, bedeutet, dass dich etwas daran angesprochen hat. Vielleicht war es das Design, vielleicht war es das Versprechen des Unternehmens selbst.

Sicher ist: Mit deinem Einkauf hast du eine Stimme abgegeben. Eine Stimme, die es in Zukunft all diesen Unternehmen ermöglicht, zu überleben und dir weiterhin ihre Dienste anzubieten. Wenn ich von »Stimme abgeben« spreche, klingt das natürlich erst mal nach demokratischer Wahl, Gleichberechtigung und Fairness – man sollte aber nicht glauben, dass es in irgendeiner Form eine Art Fairness im Konsum- und Finanzsystem gibt. Nein, das hieße dann nämlich, dass jeder von uns nur eine Stimme abgeben dürfte, und dem ist eindeutig nicht so. Wir wissen, dass manche Menschen mehr Euros in der Tasche haben als andere und so die »Konversation« maßgeblich beeinflussen können. Doch immerhin, wir haben alle zumindest eine Stimme in diesem demokratischen, wenn auch unfairen System. Ja, ganz genau.

Ich finde das System Kapitalismus nicht fehlerfrei, aber das hält mich nicht davon ab, darüber zu schreiben und mich damit auseinanderzusetzen. Viele Dinge, die wir heute mindestens genauso unfair oder problematisch finden wie das Finanzsystem, werden zum Beispiel von uns unterstützt, gerade weil wir uns nicht mit der Wahrheit beschäftigen wollen. Nehmen wir zum Beispiel unsere Essgewohnheiten. Die Mehrheit der Menschen auf der Welt isst Fleisch, und das, obwohl es genug Beweise gibt, dass der Fleischkonsum gerade im Sinne eines umweltfreundlichen Lebens viel zu hoch ist und wir auch kein Fleisch essen müssen, um gesund zu bleiben. Wir müssten lediglich unsere Gewohnheit ändern, Fleisch als tägliches Hauptgericht zu betrachten, und uns bewusst machen, wie viel Schaden wir der Umwelt und all den Tieren zufügen mit unserem leichtsinnigen Handeln. Doch viele wollen die Fakten nicht sehen und ihre Gewohnheiten nicht ändern. Dennoch existiert das Problem. Genauso läuft es für mich mit der Börse. Die Augen einfach zu verschließen und sich nicht damit auseinanderzusetzen, hilft nicht. Denn wer sich ohne Vorwissen mit einem Bankberater auf ein Gespräch einlässt, kann sich nicht kritisch mit dem Empfohlenen beschäftigen. Und dass viele Leute überhaupt keine Ahnung hatten, was für Verträge sie unterschreiben, war einer der Gründe, wieso es zur Finanzkrise 2008 kam. Die Unwissenheit wurde natürlich willentlich und wissentlich ausgenutzt von den großen Banken der Welt, die das Ganze wiederum dadurch gerechtfertigt haben, dass »alle das so machen«.

Mein Ziel ist es, dir zu zeigen, dass du zumindest ein bisschen Finanzwissen brauchst, um dich gegen solche »bösen Menschen« zu wappnen, und dir so viel Information an die Hand zu geben, dass es dir möglich ist, die Unternehmen zu unterstützen, die dir am Herzen liegen.

Dieses Buch ist für die Menschen geschrieben, die bereit sind, ihre Glaubenssätze infrage zu stellen. Die sich nicht davon einschüchtern lassen wollen, wie ein Trader oder Investor laut Hollywoodfilmen auszusehen hat. Für die, die sich nicht damit zufriedengeben, einfach in einem unfairen kapitalistischen System zu leben, sondern sich aktiv damit auseinandersetzen wollen, um mündig bleiben zu können und zu verstehen, wie der Motor der Welt funktioniert. Wenn du dir – vielleicht durch dieses Buch – deiner Verantwortung bewusst geworden bist, kannst du dieses Wissen mit anderen teilen. Aber ich möchte dich gleich darauf vorbereiten, dass es unangenehme Diskussionen geben wird, wenn du deinen Freunden von deinen neuen Aktienkäufen und/oder irgendwelchen anderen Investments erzählen wirst. Du wirst ganz sicher auf Menschen stoßen, die dich mit angewiderten Augen anschauen, als ob du gerade mit echtem Pelz in der Innenstadt aufgetaucht wärst. Fear not! Diese Menschen verstehen einfach nicht, dass du dabei keine bösen Absichten hast, sondern lediglich mitdiskutieren und in der Welt mitmischen willst. Oder hast du tatsächlich die Absicht, die alte Oma von nebenan um ihr Geld zu bringen? In dem Fall solltest du bitte einen Therapeuten aufsuchen, denn das deutet auf tiefer gehende Probleme hin.

Aber zurück zu der abwehrenden Haltung, der du bei manchen Menschen begegnen wirst. Die meisten Menschen verbinden mit dem Begriff »Wall Street« etwas Emotionales. Ihnen ist nicht klar, warum es diesen Finanzplatz überhaupt gibt, stattdessen kommen Emotionen hoch, wenn sie den Begriff hören. Sie werden dich fragen, ob du dir bewusst bist, dass der Kapitalismus daran schuld ist, dass die Kinder in Afrika in Armut leben und wir in Reichtum schwelgen. Sie werden dir erzählen, wie viel ein Broker an einem Tag verdient, während der Lehrer bei uns kaum über die Runden kommt. Wie unfair das doch alles ist, werden sie klagen. Sie werden dich fragen, warum gerade du das alles noch verschärfen möchtest, und ob das nicht Grund genug ist, die Finger von Aktien zu lassen. Schließlich kannst du kleiner Mann nur davon träumen, diese großen Unternehmen von ihrem Kurs abzubringen. Meistens sind das die Punkte, die viele Leute dazu bringen, gedanklich aus der ganzen Diskussion auszusteigen.

»Ja, siehst du. Alles unfair. Meine Stimme zählt doch eh nicht. Ich kann nichts bewegen. Die da oben machen doch sowieso, was sie wollen.« Diese Sätze haben wir alle schon einmal gehört. Und das nicht nur im wirtschaftlichen Kontext, wenn es um die Boykottierung zum Beispiel von Nestlé-Produkten geht, sondern auch im politischen Bereich, wo es zumindest bei uns in Deutschland freie Wahlen gibt, die wirklich jeder Person erlauben, seine Stimme abzugeben.

Ich möchte, dass du dir Folgendes klar machst: Wenn du mit Aktien handelst, bist du nicht automatisch Teil des Bad-Boys-Club, der für die Armut und die Ungleichheit auf der Welt verantwortlich ist. Jedes Leid auf der Welt ist das Ergebnis vieler verschiedener Faktoren. Globalisierung, Klimawandel, Kriege und politische Systeme sind alles wichtige Bestandteile, wenn es um die größten Probleme unsere Zeit geht. Lass dir bitte von niemandem einreden, dass dein Interesse an der Börse mit einem Support dieser Probleme gleichzusetzen ist. Das wäre nicht fair. Genauso wenig, wie es richtig ist, jeden Fleischesser da draußen als »böse« zu bezeichnen und in jedem Primark- und H&M-Kunden gleich einen Kindermörder zu sehen.

Moneymaker: William D. Cohan

William D. Cohan hat mit seinem Buch *Why Wall Street Matters* von 2017 meine Aufmerksamkeit in der Buchhandlung auf sich gezogen. Ich war damals zwar überzeugt davon, dass die Wall Street ein wichtiger Dreh- und Angelpunkt im Finanzwesen darstellt, aber so ganz genau wusste ich nicht, warum und wie. Also schnappte ich mir das Buch und hoffte, dass mir das vermittelt werden würde.

Der Autor schaffte es tatsächlich, das ganze Thema in einer so einfachen Sprache zu erklären und in Beziehung zu setzen, dass ich das komplette Buch an einem Tag verschlang. Ich bat ihn schließlich um ein Interview für dieses Buch. Denn ich habe noch nie an der Wall Street gearbeitet und war dementsprechend gespannt, wie ein Insider das Ganze wohl beschreiben würde. William D. Cohan hat immerhin 17 Jahre an der Wall Street gearbeitet. Er ist mittlerweile Wirtschaftsjournalist und schreibt oft für die New York Times oder das *Wall Street Journal*. Zuvor war er investigativer Reporter für die *Raleigh Times*, was erklärt, warum er so gerne in die Tiefe geht und komplexe Systeme erforscht.

Mich hat interessiert, warum er sich mit dem Thema Wall Street auseinandersetzt und wie er als junger Mann überhaupt auf den Geschmack gekommen ist. »Witzigerweise war ich, als ich noch zur Schule ging, überhaupt nicht interessiert am Thema Börse. Nach meinem Schulabschluss habe ich mit meinen Eltern eine Japan-Reise gemacht und mich rein zufällig mit einem Buch von der Bank Merrill Lynch beschäftigt. Es ging darum, wie und warum man Aktien kaufen sollte, und jede Seite in diesem Buch war eigentlich voller Werbung für die Bank, aber irgendwie hat mich das fasziniert. Mich hat fasziniert, wie der Markt funktioniert, nicht unbedingt wie man reich wird mit Aktien.«

Interessanterweise gibt es gerade in dieser Branche viele dubiose Seiten und Videos, die einem erklären wollen, wie man schnell reich wird, auch heute noch. Cohan war zum Glück bewusst, dass das Buch ganz klar darauf ausgelegt war, ihn von der Bank zu überzeugen. Doch glücklicherweise wurde er darüber hinausgehend von diesem Buch inspiriert. Erst Jahre später sollte er allerdings seine Interessen in dem Bereich weiterentwickeln und etwas in dieser Richtung machen.

»Ich war auch zu Collegezeiten nicht wirklich motiviert, in die Finanzbranche einzusteigen. Aber meine Freunde und ich wurden mit der Zeit älter und viele haben mit dem Gedanken gespielt, sich um Jobs in der Finanzbranche zu bemühen. Jeder war irgendwie total fixiert darauf, irgendwo in der Wall Street mitzumischen. So habe ich mich etwas mitreißen lassen.«

Cohan erzählte, dass er sich schon immer eher als Journalist und Autor verstanden habe und deshalb eigentlich auch für das *Wall Street Journal* hatte schreiben wollen. Das klappte jedoch nicht so richtig. Schließlich stellte er sich ein Ultimatum: Entweder würde er für das *Wall Street Journal* arbeiten dürfen oder sich der Wall Street zuwenden. Heute schätzt er sich glücklich, dass er damals eine Absage vom *Wall Street Journal* bekommen hat und letztlich 17 Jahre an der Wall Street arbeiten konnte.

»Wenn du wirklich verstehen willst, wie die Welt funktioniert, dann ist die Wall Street der beste Lehrer dafür. Du bekommst einen super Einblick in die Weltwirtschaft und merkst auch schnell, was für eine immens wichtige Rolle die Börse für uns alle spielt«, erinnerte sich Cohan an seine Zeit zurück. Weder in seinem Buch noch in unserem Interview ging es ihm darum, Anti-Kapitalisten zu Fans der Börse zu machen. Relativ neutral erklärte er, warum wir uns trotz all der Stereotypen und bösen Hollywoodfilme dennoch mit dem Thema auseinandersetzen müssen. Mir fiel in unserem Gespräch auf, dass ich jedes einzelne Wort verstand, wenn er in die Tiefe ging. Er benutzte keine Fremdwörter und beschrieb jeden komplizierten Sachverhalt fast schon kindgerecht.

»Wall Street wird zur Piñata, sobald sich jemand politisch einen Namen machen möchte. Dann geht es ganz schnell um die korrupten Börsianer und eine ganze Branche wird in den Dreck gezogen. Die Wahrheit ist, dass es sehr einfach ist, Leute zu dämonisieren, die viel Geld haben. Vor allem, wenn man selbst nicht versteht, wieso sie so viel verdienen.«

Ich fragte nach, ob denn die negativen Meinungen über die Börse überhaupt keine Berechtigung hätten und was an den ganzen Hollywoodklischees dran sei.

»Natürlich stimmen die Vorurteile nicht. Ich habe in der ganzen Zeit unglaublich viele wundervolle, aufrichtige Menschen kennenlernen dürfen. Ja, sie machen alle viel Geld, und nein, ich weiß nicht, wie man zu so viel Geld kommen kann, aber deswegen sind sie noch lange keine schlechten Menschen«, erklärte Cohan und brachte dabei einen Vergleich, der mich bis heute beschäftigt, da mir das bis dato nicht bewusst war.

»Ich kann zum Beispiel auch nicht einsehen, warum Rennfahrer oder Athleten so viel Geld verdienen. Wir hassen Athleten doch nicht dafür, dass sie viel Geld bekommen und bei jedem großen Sieg so viel einstreichen. Wir feiern sie. Klar bin ich dafür, dass zum Beispiel Lehrer oder Schriftsteller besser entlohnt werden, aber das heißt nicht, dass ich automatisch jeden dämonisieren muss, der mehr Geld bekommt als normal.«

Cohan beschäftigt sich weniger mit der Frage, ob Kapitalismus grundsätzlich böse oder gut ist. Vielmehr scheint er akzeptiert zu haben, dass man so schnell kein besseres System ins Leben rufen kann.

»Nach der Finanzkrise war die Bevölkerung nicht gut auf die Wall Street zu sprechen. Wir wurden für alles verantwortlich gemacht und man hat überall nur noch über die negativen Seiten der Börse gesprochen. Mit meinem Buch *Why Wall Street Matters* wollte ich den Menschen vor Augen führen, warum wir damals überhaupt so eine Institution ins Leben gerufen haben.«

Tatsächlich greift Cohan am Anfang des Buches weit zurück in die Vergangenheit und erzählt von dem allerersten Projekt, das die Grundidee der Börse in sich trägt. Seiner Ansicht nach ist diese Grundidee auch heute noch lebendig. Die allerersten Aktionäre haben bewiesen, dass größere wirtschaftliche Projekte durch das Zusammenlegen von mehreren Vermögen gut finanziert werden können. Aktien haben viele Ideen massentauglich gemacht. So gäbe es ohne Aktien heute vermutlich keine Autos und keine Flugzeuge. Die Börse hat das Kapital zur Verfügung gestellt, und das 24/7 jede Woche. In dem Moment ist mir klar geworden: Fast alles um mich herum, mein Handy, der Fernseher, die Lebensmittel im Kühlschrank, die Serien, die ich anschaue, alles kann nur existieren, weil diese Unternehmen in der Lage waren, viel Kapital über die Börse zu beschaffen und ihre Idee zu verwirklichen. So aufregend diese Grundidee der Börse ist, so langweilig findet Cohan die Realität.

»Diese ganzen Hollywoodfilme könnten gar nicht so cool wirken, wenn sie den Alltag eines Stockbrokers darstellen müssten. Es ist alles sehr prozessorientiert und nicht sehr aufregend für Außenstehende. Viel zu trocken für die breite Masse, weshalb die Regisseure sich auf die Charaktere im Film konzentrieren müssen und dadurch Dramatik aufbauen. Diese Fiktion auf der Leinwand bringt die Leute dann dazu, genau diese schlechten Dinge über die Menschen zu denken.«

Wenn es also nicht nur diese »unmoralischen« Menschen an der Börse gibt, dann vielleicht welche, die man als Vorbild sehen könnte?

»Ich kenne nicht wirklich jemanden, zu dem ich aufblicke. Man kann sicherlich Leute für das bewundern, was sie an der Wall Street geschafft haben, zum Beispiel Stephen Schwarzman (CEO der Investmentgesellschaft Blackstone Group) oder David Rubenstein (Mitgründer der Investmentgesellschaft Carlyle Group), oder jede/-n andere/-n sehr erfolgreiche/-n Geschäftsmann/-frau. Letztlich bewundert man die Menschen hauptsächlich für ihre Fähigkeit, Geld zu machen – für sich und für andere. Sie heilen keinen Krebs, oder schreiben tiefgründige Romane – also kann man nicht ehrfürchtig zu ihnen aufblicken. Sie sind einfach interessante Menschen, weil sie interessante Dinge realisieren können.«

Verwirrt entgegnete ich, dass Warren Buffett doch jemand ist, der oft als Vorbild für Menschen in der Finanzbranche bezeichnet wird.

»Sicherlich. Warren Buffett gilt als Vorbild, weil er Pionierarbeit geleistet hat in seiner Branche. Genauso wie Elon Musk oder Steve Jobs. Sie waren beide zur richtigen Zeit am richtigen Ort.«

Wie kann man in jungen Jahren diesen großen Vorbildern nacheifern?

»Es mag langweilig klingen, aber es ist die einzige Formel, die dich sicher zum Erfolg bringt. Fang an zu arbeiten, spare etwas Geld. Versuch dich in der Schule und in der Uni anzustrengen und gib dein Bestes. Geh nicht zu hohe Risiken ein, aber sei auch nicht zu ängstlich mit deinem Geld.« Das klingt nach dem, was mein Opa auch sagen würde – sehr traditionell.

»Na ja, du kannst auch immer dein eigenes Ding machen und versuchen, was Eigenes aufzubauen. Vielleicht wirst du damit sehr erfolgreich ... oder du fällst auf die Nase.«

Wir mussten beide lachen. Also gibt es zwei Wege, wie man zu Erfolg kommen kann, und ich bin bereit, mich für einen zu entscheiden.

Die allerersten Aktionäre

Falls du die Geschichte nicht kennst, erkläre ich sie dir schnell. Die Vereenigde Oostindische Compagnie (VOC), zu Deutsch Niederländische Ostindien-Kompanie, war das erste Unternehmen, welches Aktien zum Verkauf anbot, um Kapital zu beschaffen – das reicht mehr als 400 Jahre zurück. An dieser kleinen Geschichte merkt man sofort, warum Aktien überhaupt erfunden wurden. Große Träume mussten erfüllt werden. Viele Gewürzhändler in Amsterdam hatten sich zusammengeschlossen, um einen umfassenden Handel möglich zu machen. Der Plan war, Gewürze aus Indien und Indonesien, Tee, Seide und Porzellan aus China und Kupfer und Edelsteine aus Siam zu importieren.[1] Entsprechende Schiffsflotten mussten hierfür gebaut werden und Matrosen und Steuermänner brauchten Lohn. Um dies finanzieren zu können, legten die Seefahrer ihr gesamtes Geld zusammen. Also schrieb jeder (sogar Nicht-Matrosen!), der an der Finanzierung des Schiffes beteiligt war, seinen Namen in ein Buch und ließ alle anderen wissen, dass er investierte. So kam das Geld dann durch ganz viele verschiedene Geldgeber zusammen.

Überstand das Schiff seine Reise gut und konnten die Matrosen die Gewürze erfolgreich importieren, bekamen die Investoren ihr Geld zurück und obendrein noch einen Anteil am Gewinn. Das Risiko war allerdings auch nicht ohne. Denn manche Schiffe wurden von Piraten überfallen oder gingen in Unwettern unter. War dies der Fall, war das Geld natürlich weg. Das passierte zum Glück jedoch nur selten. Nachdem die Idee mit Aktien geboren worden war, waren dem Ganzen keine Grenzen mehr gesetzt. Als nächstes großes Projekt wurden Eisenbahnen gebaut. Kein König oder Millionär hätte jemals das Geld dafür gehabt, das gesamte Land mit einem Eisenbahnnetz sowie den entsprechenden Lokomotiven und Bahnhöfen auszustatten. Mit Aktien ging das allerdings – erst in England, dann in Amerika und schließlich auch in Deutschland.

Also lasst uns weniger Zeit dafür aufwenden, uns über das System aufzuregen, sondern versuchen wir lieber, uns ernsthaft damit zu befassen, damit wir in Zukunft mitreden und unsere Stimmen nutzen können, um uns weiterzuentwickeln. Auch wenn du etwas gegen das Schulsystem hast, würdest du schließlich einen Abschluss machen wollen, da es eine Art Sicherheitsnetz darstellt.

Sich darüber aufzuregen, dass Geld für alles Böse auf der Welt verantwortlich ist, führt zu nichts. Geld ist von Menschen gemacht und hat seine Daseinsberechtigung. Wir nutzen Geld, um den Wert bestimmter Dinge zu definieren, und es gibt nichts auf der Welt, das dies vergleichsweise effizient bewerkstelligen könnte. Denn sobald sich der Wert einer Sache bestimmen lässt, sind wir in der Lage, diesen Wert in Form von Geld widerzuspiegeln. Für solche Transaktionen ist nicht einmal mehr physisches Geld nötig, sondern digitale Transaktionen genügen. Das versteht im Grunde jedes kleine Kind. Alles hat einen Preis. Der Preis einer Sache stellt automatisch ihren Wert innerhalb einer Gesellschaft zu einer bestimmten Zeit an einem bestimmten Ort dar. Was am Ende auf dem Preisschild steht, ist das Ergebnis eines sehr komplexen Zusammenspiels verschiedenster Faktoren.

Geld ist nicht nur Geld. Es verspricht einen bestimmten Wert. Das Interessante dabei ist, dass der Wert einer Sache sich ständig ändert. Da gibt es kein Preisschild, das in leserlicher Schrift erklärt, dass dieses Ding 2 Euro kostet. An der Wall Street ist das Preisschild für eine Aktie der aktuelle Kurs des Unternehmens. Im Folgenden interessiert mich nun nicht, wie Angebot und Nachfrage die Preise bestimmen, sondern der Prozess, wie genau dieser Wert entsteht. Wer entscheidet, wie viel ein Produkt wert ist? Wer bestimmt, wie viel eine Aktie kostet? Wer gründet die Unternehmen, die Aktien ausgeben dürfen? Und wie können wir dieses komplexe System durchschauen und für uns nutzen?

5. WELTHANDEL: BÖRSE IST ÜBERALL

Ich finde das schon ziemlich komisch, wenn Leute mir entgegnen: »Ach, mit der Börse habe ich nichts am Hut.« Nicht nur, weil es schade ist, dass sie in ihrer Welt keine Verbindung zur Börse haben, sondern auch, weil das einfach nicht wahr ist. Diese Verbindung mag für viele Leute nicht eindeutig erkennbar sein, aber sie ist definitiv da, denn die Börse hat überall ihre Finger im Spiel. Oder vielleicht sollte ich besser sagen: Viele haben ihre Finger an der Börse. Der Vegetarier, der den hohen Fleischkonsum unserer Gesellschaft abartig findet, die Philosophie-Studentin, die gerade den Sinn des Lebens infrage stellt bis hin zur alten Oma, die ihrem kleinen Enkel eine Spardose schenkt – ja so ziemlich jeder ist Teil dieses Riesenapparats namens Börse und mischt auf seine Art mit.

Moneymaker: Cornelia Eidloth

Als ich Cornelia Eidloth kennenlernte, muss ich um die 20 Jahre alt gewesen sein. Ich hielt einen Vortrag zum Thema »China vs. Silicon Valley« an der Universität Coburg. Conny war damals noch eingeschrieben in dem interessanten Masterstudiengang

Zukunftsdesign und saß im Publikum. Ich erinnere mich noch genau: Nach meiner Keynote kam sie gleich zu mir, reichte mir die Hand und erzählte mir, dass sie auch einen Börsenhintergrund habe und sich gerne mit mir über meine Erfahrungen mit Aktien unterhalten wolle. Conny strahlte Kompetenz, Selbstsicherheit und Feminität aus. Erst nach unserem Gespräch erfuhr ich, dass sie nicht nur offline, sondern auch online bei DER AKTIONÄR TV über ihre Lieblingsthemen Aktien und Börse sprach. Niemals hätte ich gedacht, dass jemand die Nachrichten mit so viel Charme und Leidenschaft vermitteln kann, wie Conny es tut. Also stand es für mich relativ schnell fest, dass sie mit in meine Moneymaker Reihe gehört. Durch ihre Begeisterung für das Thema, ihren Charme und ihre Befähigung, Aktiennews für Jung und Alt zu erklären, hat sie sich ihren Platz hier verdient.

Zunächst habe ich mich gefragt, warum Conny sich überhaupt für das Thema interessiert, und natürlich wollte ich dann auch von ihr wissen, wieso ihrer Meinung nach bis dato so wenige Frauen bei Börsenthemen mitmischen. Denn leider ist es immer noch so, dass Frauen sich in finanziellen Dingen häufig schlechter auskennen als Männer.

Das Deutsche Institut für Wirtschaftsforschung (DIW) hat sich damit beschäftigt und Testpersonen in verschiedenen Ländern Fragen zu Zinsen, Börse und Risikodiversifikation gestellt, um ihr Finanzwissen zu überprüfen. Dabei gab es einfachere und schwierigere Fragen. Das DIW kam zu dem Schluss: »In 134 von 145 Ländern wissen Frauen im Durchschnitt weniger als Männer über Finanzen. Das geringere Wissen vieler Frauen über Finanzdinge bei vielen Frauen führt auch zu einem weniger anspruchsvollen Geldanlageverhalten«, so die Autorin der Studie, Antonia Grohmann im Interview mit der *WirtschaftsWoche* Sie arbeitet als wissenschaftliche Mitarbeiterin in der DIW-Abteilung Weltwirtschaft.»So besitzen Frauen seltener Aktien, Fonds oder andere riskantere Finanzprodukte. Das schützt sie zwar vor dem einen oder anderen Verlust. Auf lange Sicht verzichten Frauen wegen ihres bescheideneren und risikoscheueren Anlageverhaltens aber auf Rendite«.

Und die Studie des DIW ist nicht die einzige, die das belegt. Auch internationale Forschungen zeigen, dass zwischen Finanzbildung und Anlageverhalten ein direkter Zusammenhang besteht. Wer mehr über Finanzen Bescheid weiß, legt mehr fürs Alter zurück, nutzt anspruchsvollere Finanzprodukte und ist dadurch letztlich auch wohlhabender.[1]

Vor diesem Hintergrund der weiblichen Zurückhaltung in Börsendingen ist es umso auffallender, wenn eine Frau sich im öffentlichen Raum selbstbewusst über Aktienverläufe unterhält. Also zurück zum Ausgangspunkt: Was denkt eigentlich Conny zu allem?

»Generell interessieren sich hierzulande wenig Menschen für das Thema Börse. Wobei – grundsätzlich kann man schon Interesse unterstellen, die Bereitschaft, das Interesse auszuleben, tatsächlich zu handeln, ist aufgrund vieler Bedenken und Vorurteile jedoch mäßig bis gar nicht ausgeprägt. Und ja, die wenigen aktiven Börsianer in Deutschland sind in erster Linie Männer. Das liegt unter anderem sicherlich daran, dass Männern selbst heutzutage noch die ›Versorgerfunktion‹ im Familienverbund zugeordnet und in vielen Fällen auch tatsächlich zuteilwird. Werden Frauen Mütter, sind sie in der Regel erst mal eine Zeit lang weg vom Arbeitsmarkt und verdienen im Anschluss weniger, wie die jüngsten Diskussionen um das ›Gender Pay Gap‹ gezeigt haben. Das Fatale daran: Frauen empfinden diesen Umstand als Hindernis dafür, ihr Geld in Aktien anzulegen, aber im Grunde wäre es gerade deswegen so wichtig und sinnvoll, dies zu tun. Da kommen dann aber die angesprochenen Ängste und Vorurteile ins Spiel«, sagt Conny.

Damit hat sie Recht. Aber nicht nur die Frauen allgemein, gerade auch die Deutschen gelten grundsätzlich als Aktienmuffel. Insgesamt halten weniger als ein Viertel Aktien überhaupt für eine interessante Geldanlage, und das, obwohl es so viele Vorteile gibt.[2] Doch die Hoffnung stirbt zuletzt! Die neue Generation traut sich wiedermehr an Aktien heran, weshalb die Zahl der Aktionäre in den vergangenen vier Jahren auf 10,3 Millionen gestiegen ist.

Grundsätzlich wird Aktienanlage landläufig aber immer noch als riskant empfunden und ist im kollektiven Bewusstsein der Deutschen als gefährlich und unsicher gespeichert. Allerdings völlig zu Unrecht, wie zahlreiche Statistiken zum Thema belegen. Ein Umstand, der eine Veränderung im Verhalten bewirken sollte, wie Conny meint.

»Natürlich hoffe ich, dass sich die allgemeine Bewertung von Aktien, sowohl bei Männern als auch bei Frauen, in naher Zukunft ändern wird. Zumindest gibt es ja derzeit ein großes Angebot an Einsteigerformaten zum Beispiel auf YouTube (wie etwa meine eigene Mini-Serie #endlichAktionär) und auch Angebote speziell für Frauen. Letzteres sehe ich zwar eher kritisch, da ich nicht glaube, dass Frauen eine besondere, vermeintlich ›leichter verdauliche‹ Art der Kommunikation und Informationsvermittlung brauchen, wie viele der Plattformen suggerieren. Wenn ich aber daran denke, dass ich gerade von Frauen oft erstaunt gefragt werde, ob ich denn überhaupt verstünde, von was ich da immer rede, scheint das Selbstvertrauen vieler Geschlechtsgenossinnen dahingehend doch einen gewissen Schubs zu vertragen. Und das könnten die Frauen-Portale vielleicht leisten, ich würde es mir und uns wünschen.«

Einer der Gründe für die mangelnde Beschäftigung mit Börsenthemen ist sicherlich das fehlende Selbstbewusstsein vieler Frauen, wenn es um das Thema Finanzen geht. Die Vermögensverwaltung Amundi beschäftigte sich in einer Studie mit dem Thema Altersvorsorge und befragte hierzu Frauen zwischen 35 und 55 Jahren. Rund 44 Prozent von ihnen gaben an, sich überhaupt keine Gedanken über ihre persönliche Altersvorsorge zu machen.[3] Das ist erschreckend! Es wäre doch eigentlich gerade für Frauen interessant, sich mit dem Thema Altersvorsorge im Zusammenhang mit Aktien zu befassen, weil es so viele tolle Vorteile bietet. Ich wette, wenn ich diesen 44 Prozent Frauen erzählen könnte, dass sie nicht unbedingt für das Geld arbeiten müssen, sondern das Geld für sie arbeitet, wären sie mit an Bord – denn dieser Plan geht mit oder ohne Kind auf, mit oder ohne Vollzeitjob, und das alles nur dank eines breit aufgestellten Aktien- und Wertpapierportfolios.

Auch die Süddeutsche Zeitung hat das mal durchgerechnet und mich nur noch mehr davon überzeugt, dass jeder Aktien als private Altersvorsorge in Erwägung ziehen sollte: »Der DAX legte zwischen dem 1. April 2008 und dem 1. April 2019 rund 75 Prozent zu. Hätte die Frau mit dem Tagesgeldkonto ihre 100 000 Euro vor zehn Jahren in einem DAX-abbildenden Fonds angelegt, wäre ihr Depot heute 175 000 Euro wert. So kommt sie auf kaum mehr als die 100 000 Euro – und kann sich damit heute weniger kaufen als vor zehn Jahren«, schreibt die SZ, und die Zahlen zeigen, wie mächtig dieser Zusammenhang zwischen Aktiendepot und Altersvorsorge wirklich ist.[4]

Interessant finde ich auch, dass man herausgefunden hat, dass Frauen meist rentabler und nachhaltiger investieren als Männer. Dieser Punkt wird vor allem deutlich, wenn man rein von Frauen geführte Fonds mit anderen Indizes vergleicht. Der HRFX Diversity Women Index ist ein solcher Index und hat letztes Jahr, man mag es kaum glauben, tatsächlich den DAX und S&P 500 geschlagen. Das beweist meiner Meinung nach, dass Frauen wirklich anders investieren als ihre männlichen Kollegen und mit viel Weitblick und ruhiger Hand ihre Aktien auswählen.[5]

Auch wenn viele Studien offenbaren, dass Frauen bedachter anlegen, ist Conny sich sicher: »Die Börse ist ein Paradebeispiel für Gleichberechtigung bzw. Chancengleichheit. Der Börse ist es egal, welches Geschlecht du hast, wo du herkommst, wie du aussiehst. Hier müssen alle, egal wie hoch der Einsatz ist, nach denselben Regeln spielen und dieselben Risiken aushalten, kommen dann aber auch in den Genuss derselben Chancen. Zudem verändert sich der Fokus, weg vom reinen Konsumenten hin zum (kleinen) Investor.«

Der Begriff des kleinen Investors gefällt mir besonders gut. Oft stellen wir uns nämlich den großen Macker vor, wenn es um Aktien & Co. geht, man kann aber bereits mit kleinen Geldeinlagen mitspielen und sich Investor nennen.

Interessiert hat mich im Gespräch mit Conny natürlich auch die Frage, in was sie bisher am allerliebsten investiert hat.

»Als Finanzjournalistin bin ich in erster Linie neutral und darf auch keine konkreten Empfehlungen geben. Doch natürlich besitze ich Aktien, wenn auch zugegebenermaßen noch nicht besonders lange. Das ist der Nachteil der Arbeit in einer Finanzredaktion: Man sieht den Wald vor lauter Bäumen nicht mehr. Mich für einzelne Aktien zu entscheiden erschien mir lange Zeit als Mammut-Aufgabe: Wie soll man sich bei den Hunderten von Titeln, die wir jede Woche besprechen, auf etwas festlegen? ETFs, also börsengehandelte Fonds, kamen für mich als ›Ersatz‹ nicht in Frage, da sie mir zu passiv und starr sind und oft Werte beinhalten, die ich einzeln nicht auswählen würde.

Schlussendlich habe ich die wohl geläufigste aller Börsenweisheiten beherzigt: Kaufe nur, was du kennst und verstehst. Sie stammt von Börsenlegende Warren Buffett, der seit Jahrzehnten überdurchschnittliche Renditen mit langfristigen, teilweise langweilig erscheinenden Investments erzielt. Genau mein Geschmack.«

Wir werden uns im Laufe des Buches noch ausführlich mit Warren Buffett beschäftigen. Sein Leben und seine Philosophie haben nämlich eine ganze Generation von Anlegern inspiriert, bedachter zu investieren – ein sehr wichtiger Name, den wir also nicht vergessen dürfen! Aber erst noch einmal zu Conny:

»Meine ›Lieblingsaktie‹ ist, wenn man so will, Apple. Vor allem, weil sie für mich persönlich die Chancen der Börse sehr eindrucksvoll veranschaulicht. Meinen ersten iPod habe ich mir als 20-jährige Studentin für 250 Dollar gekauft. Damals hat eine Apple-Aktie etwas mehr als 1 Dollar gekostet. Seitdem habe ich kontinuierlich neue Geräte von Apple erworben, vom MacBook bis zum iPod und so ziemlich alle iPhones.«

Puh, ich glaube, das geht vielen so. Es ist ziemlich wahrscheinlich, dass du als Leser auch ein paar Apple-Produkte besitzt. Manchmal überlege ich, was passiert wäre, wenn ich mein Geld stattdessen in Aktien von Apple investiert hätte …

Conny nahm ihre erste Apple-Aktie erst 16 Jahre nach dem ersten iPod ins Depot. Das war immer noch ein gutes Investment, »aber hätte ich die 250 Dollar für das iPod schon damals in Aktien angelegt, könnte ich mich heute über ein üppiges Finanzpolster freuen. Natürlich konnte ich damals nicht wissen, was aus Apple werden würde, aber ich kann mich auch nicht auf der Ausrede ausruhen, als junge Studentin kein Geld für Aktien gehabt zu haben, denn für einen sauteuren pinken iPod hat es ja offenbar gereicht. Allerdings wäre ich zu der Zeit nie auf die Idee gekommen,

Geld in Aktien zu investieren, da die Börse weder zu Hause noch in der Schule eine Rolle in meinem Leben gespielt hat.«

So ähnlich ging es mir auch. Meine ersten Aktienkäufe habe ich immer mit einer persönlichen Geschichte verbinden müssen. Beispielsweise habe ich die Produkte selbst benutzt oder war ein Fan davon, wodurch ich das Businessmodell auch viel eher verstanden habe.

Wie wichtig der persönliche Bezug zu Finanzprodukten ist, spiegelt ein Trend wider, der sich in den letzten Jahren abzeichnet: grüne und soziale Geldanlagen sind hip, Begriffe wie »Social Impact Banking« entstehen, weil immer mehr Menschen erkennen, dass man die Welt nicht nur dadurch verändern kann, dass man Gurke statt Guave isst, sondern auch (und noch mehr) mit der Entscheidung, in welche Unternehmen man investiert. Gerade bei Frauen und Millennials steht eine nachhaltige, ethische und soziale Geldanlage hoch im Kurs.

Auch Morgan Stanley hat eine Umfrage durchgeführt und ist zu dem Ergebnis gekommen, dass 84 Prozent der Frauen durchaus viel Interesse am Thema nachhaltiges Investieren zeigen. Bei den Männern hingegen sind es nur 67 Prozent, die sich dafür begeistern können. Frauen haben oft nicht nur das eigene Wohl im Blick, sondern setzen sich auch damit auseinander, wie sie mit ihrem Vermögen etwas für die Welt tun können.[6]

Abgesehen von derartigen Trends, die mein Auge etwas mehr für die Details und Hintergründe eines Unternehmens geschult haben, ist mir die Welt der Börse nie von außen durch Schule oder Studium nähergebracht worden. Ich musste selbst beginnen, mir Fragen zu stellen und einfach neugierig zu sein. Angefangen bei amerikanischen Magazinen wie Forbes und Fortune habe ich mir meinen Weg über verschiedenste Bücher komplett selbst bahnen müssen.

»Das ist schade, denn je früher man anfängt, umso besser. Vor einigen Monaten habe ich deswegen eine Schulklasse besucht und mit den 16-jährigen Jungs und Mädels über Aktien gesprochen. Ich war überrascht, wie interessiert sie waren, und schockiert, wie wenig sie wussten und wie groß ihre Vorurteile waren. Hier müssen Schule, Eltern und auch Medien noch viel Aufklärungsarbeit leisten«, fordert Cornelia Eidloth.

Dass dieses Beispiel kein Einzelfall ist, belegt eine Studie des Marktforschungsinstituts Ipsos. Darin gaben über 80 Prozent der Deutschen an, in der Schule keine Finanzbildung erhalten zu haben. Da kann man nur hoffen, dass bald ein Umdenken stattfindet und finanzielle Bildung endlich so wichtig genommen wird, wie sie es eigentlich ist.

Moneymaker: John Maynard Keynes vs. Friedrich August von Hayek – alte Hasen erfahren neuen Hype

Klar ist es nicht gerade sexy, Vorbilder zu nennen, die lange vor unserer Zeit gelebt haben. Dennoch tun dies viele Politiker, wenn es um das Thema Wirtschaft, Börse und Zinsen geht. Und dies liegt daran, dass es dabei um Grundsatzüberlegungen geht, die die Basis für heutige Diskussionen und das Verständnis von Zusammenhängen bilden. Denn was bringt es, die einzelnen Schritte im Hier und Jetzt nachvollziehen zu können, aber nicht zu wissen, auf welchen Glaubenssätzen unser System eigentlich im Kern beruht?

Du kannst dich in diesem Porträt nur für einen Moneymaker entscheiden. Wer für dich als Vorbild infrage kommt oder wessen Prinzipien dir eher einleuchten, das ist dir überlassen. Sicher ist nur, dass eine Diskussion über die Wirtschaftskrisen unserer Zeit ohne Erwähnung dieser zwei bedeutenden Ökonomen fast unmöglich erscheint. Es geht um John Maynard Keynes (1883–1946) und seinen »Rivalen« Friedrich August von Hayek (1899–1992).

Zu ihrer Zeit stellten sich die Wissenschaftler die Wirtschaft wie eine Waage vor, die immer im Lot ist. Sie glaubten, der Markt hätte eine Art Gleichgewichtsmechanismus. Wie wenn du Fahrrad fährst. Dein Körper achtet darauf, dass du in der Mitte bleibst, und passt auf, dass du nicht nach rechts oder links kippst. So dachte man auch, dass die Wirtschaft sich von selbst im Lot halten kann. Man sah es beispielsweise als unproblematisch an, wenn die Leute für eine Weile immer weniger kaufen. Klar, die Unternehmer, die ihre Ware loswerden wollen, wären davon eher weniger begeistert und müssten eventuell Arbeitskräfte abbauen, doch schlimm wäre diese kurzfristige Arbeitslosigkeit nicht. Laut dem Waage-Prinzipe würde sich die Situation irgendwann wieder von selbst einpendeln. Wie? Na, im Idealfall würden die Leute ihr gespartes Geld zuvor auf ihrem Konto ablegen. Dieses Geld könnten die Banken dann günstig an Unternehmen verleihen, die diese Kredite für neue Projekte und Entwicklungskosten einsetzen würden. Das wiederum würde dazu führen, dass die Unternehmen neue Arbeitskräfte einstellen müssten und voilà – das Ergebnis wäre ein Rückgang der Arbeitslosigkeit. Eine heile Welt, die sich selbst zu kontrollieren weiß. Okay, so weit so gut.

Doch 1929 gab es eine schreckliche Wirtschaftskrise und Millionen von Menschen verloren ihren Arbeitsplatz. Irgendetwas schien mit der Theorie, die bis dato als Grundlage galt, nicht zu stimmen. Hier kommt nun unser erster Moneymaker ins Spiel: John Maynard Keynes Theorien revolutionierten nicht nur die zeitgenössische Denkweise, sondern beeinflussten auch lange nach seinem Tod die weltwirtschaftliche Entwicklung. Der Brite wird daher auch als der größte Ökonom des 20. Jahrhunderts gefeiert. Es geht sogar so weit, dass seine Denkart nach ihm benannt wurde: Keynesianismus. Seine Ideen haben immer noch großen Einfluss auf ökonomische und politische Theorien.

John Maynard Keynes Hauptwerk trägt den Titel *Allgemeine Theorie der Beschäftigung, des Zinses und des Geldes* und wurde 1936 publiziert. Was besagt es? Keynes ist der Meinung, dass wirtschaftliche Entscheidungen stark von Stimmungen beeinflusst werden. Er befürwortet ganz klar staatliche Eingriffe in die Wirtschaft und proklamiert laut, dass nur der Staat in Krisenzeiten verlässlich helfen kann. Der Staat hat nämlich die Möglichkeit, in großem Umfang Kredite aufzunehmen und Projekte zur Arbeitsbeschaffung zu finanzieren. Zum Beispiel große Bauprojekte. Dabei kommt es nicht einmal darauf an, dass die Jobs, die der Staat auf diese Weise schafft, sinnvoll sind. Die Wirtschaft muss einfach nur am Laufen gehalten werden.

Auf Keynes haben sich bis in die 70er-Jahre viele Politiker berufen.[7] Er war wohl so beliebt, weil er ein wahrer Rebell unter den Ökonomen war. Er behauptete nämlich, dass Volkswirtschaften sogar bei hoher Arbeitslosigkeit noch im Gleichgewicht sein können und nicht, wie bisher von seinen Kollegen behauptet, jeder Verkäufer auch einen Käufer finden muss, damit alles in Balance ist.[8]

Fun Fact

Keynes hatte zum Beispiel die Idee, »alte Flaschen mit Banknoten zu füllen«, zu vergraben und dann von Arbeitern gegen Bezahlung wieder ausgraben zu lassen.

Als Ökonomie-Studentin kann ich bezeugen, dass ich heute noch Keynes in all unseren Lehrbüchern der Makroökonomie wiederfinde. Seine Theorien zu Arbeitslosigkeit und Marktgleichgewicht führten auch zu einem Umdenken in der Politik. Nun wurde diskutiert, ob ein Staat sich vielleicht sogar verschulden sollte, um eine Vollbeschäftigung zu erreichen. Keynes wird in vielen Büchern als der »Begründer des Kapitalismus« gefeiert und seine Theorie wird oft genug zitiert. Auf ihr basieren teilweise sogar politische Aussagen von heute, doch ganz so einfach wollen wir es uns nicht machen. Lass uns doch noch einen anderen Denker begutachten, der sich der Mentalität der Zeit angepasst und einen geeigneten Gegenspieler zu Keynes dargestellt hat. Mal sehen, was die Gegenseite vorschlägt!

Hier kommt unser Moneymaker 2 ins Spiel: Es geht um den Ökonomen Friedrich August von Hayek. Er wurde 1899 in Wien geboren und lehrte an der London School of Economics und später an der Universität Freiburg. Sogar ein Nobelpreis für Wirtschaft wurde ihm zusammen mit Gunnar Myrdal für sein Werk *The Road to Serfdom* (der deutsche Titel: *Der Weg zur Knechtschaft*) verliehen.[9] Das Buch stellt einen wichtigen Meilenstein in der Geschichte des Kapitalismus dar. Hayek war bis zur Veröffentlichung seines Werks nicht allzu bekannt. Er emigrierte aus Wien nach Großbritannien und gab Keynes ordentlich Kontra zu seinen Thesen rund um Geld- und Konjunkturpolitik sowie die Konsequenzen der Weltwirtschaftskrise. Zwar wurde er als Ökonom respektiert, doch mit der zunehmenden Bekanntheit seines Kontrahenten wurde seine Position immer schwächer. Mit seinem Buch wollte er einen entscheidenden Schachzug gegen Keynes vornehmen und brach damit Konventionen des ökonomischen Fachdiskurses – bad boy Hayek! Ähnlich wie es die BILD-Zeitung auch heute macht, erreichte er durch Polemik das erwünschte breitere Publikum für seine Ideen.

Aber was waren nun seine Kernaussagen? Wo unterscheiden sich die zwei ganz entschieden? Und was würde Hayek den Politikern in brenzligen Situationen vorschlagen? Hayek glaubte nicht, dass es möglich ist, einen Markt genau zu steuern – viel zu komplex war seiner Meinung nach das System, als dass der Staat Entwicklungen genau vorhersehen und rechtzeitig sowie korrekt einschätzen könne. Er war der Überzeugung, dass auf dem Markt alle notwendigen Informationen bereits im Preis stecken – dass also alle Fragen nach Herkunft, Herstellungsmethode, kreativem Aufwand, Qualität der Materialien, Konkurrenzsituation, allgemeiner Marktlage … schon berücksichtigt sind, wenn ein Produkt zu einem bestimmten Preis angeboten wird. Marktpreise zeigen, was die Dinge wirklich kosten. Erst dadurch können die Marktteilnehmer vernünftige Marktentscheidungen treffen. Der Markt kontrolliert damit das Wissen aller Marktteilnehmer viel effektiver, als es eine Planungsbehörde könnte. Staatliche Eingriffe stören laut Hayek dieses System. Sie verzerren die Preise, die dann falsche Knappheit signalisieren und den Markt ins Ungleichgewicht stürzen können. Jede Intervention schadet daher dem Markt, sogar die von Keynes vorgeschlagene Konjunkturpolitik, die sich später durchsetzte.

Auch Hayeks Theorie beeinflusste sehr viele renommierte Politiker. Es ist im Grunde schon beachtlich, dass sich so unterschiedliche Meinungen wie die von Hayek und Keynes herausgebildet haben – und das Pendel bewegt sich immer wieder zwischen diesen beiden Extremen. Der Konflikt zwischen Liberalismus (Freiheit des Marktes) und Interventionismus (Einflussnahme des Staates) existiert schon sehr lange und wird auch heute noch lebhaft diskutiert. Wir stellen uns in der heutigen Zeit ebenfalls Fragen wie: Wie viel soll der Staat regulieren bzw. wann soll er sich einmischen? Brauchen wir wirklich Beamte oder kann der Markt diese Aufgaben genauso gut erfüllen? Sollten wir ein bedingungsloses Grundeinkommen haben? Wenn ja, wie hoch sollte das sein?

Die Formel, die der einstige deutsche Wirtschafts- und Finanzminister Karl Schiller prägte – »So viel Markt wie möglich, so viel Staat wie nötig« – gibt da leider keine genaue Antwort.[10]

Der wachsende Unmut gegenüber dem Finanzsektor hat dazu geführt, dass die Leute nach einer dezentralen Lösung verlangten. Eine, bei der der Staat nicht reinreden kann, und eine, die stabil genug ist, um Transaktionen zwischen vielen Millionen Menschen sicher auszuführen. Die Kryptowährungen wurden geboren. Dieses Thema hat sein eigenes kleines Kapitel verdient (siehe ab Seite 142, *Tim Draper* und *Blockchain*). Oft zitieren Krypto-Anhänger Hayek und stützen sich auf seine Philosophie, den Staat weitestgehend herauszuhalten. So hat auch Facebook einen Versuch gestartet, eine eigene Kryptowährung auf den Markt zu bringen, und wird in den Medien oft mit dem Liberalismus in Verbindung gebracht. Dieser Kerngedanke von Hayek ist also noch sehr lebendig.

> Außerdem: Buchempfehlung am Rande:
> Michael Lewis: *Erhöhtes Risiko*

> **Hayek in den News: Schlagzeilen im *Handelsblatt*[11]**
>
> \>75 Jahre nach Bretton Woods könnte der Traum des Wirtschaftsnobelpreisträgers Friedrich von Hayek wahr werden: die Entnationalisierung des Geldes. Ob von Hayek dabei allerdings von Giganten wie Facebook geträumt hat, darf bezweifelt werden.
>
> \>Was ein extrem liberaler Österreicher mit Bitcoins zu tun hat. Friedrich August von Hayek ist eine Art Pate für die Anhänger der Kryptowährungen. Dabei sind seine Theorien durchaus angreifbar.

Die Zeit sei reif für »die Schaffung einer neuartigen digitalen Währung, die auf Blockchain-Technologie basiert«, schreibt das soziale Netzwerk in einem Whitepaper zur Kryptowährung Libra, in dem das Projekt erläutert wird.[12] Libra soll stabiler sein als Bitcoin und in Zukunft Milliarden von Menschen erreichen. Facebook beschreibt sie als eine »globale Währung und finanzielle Infrastruktur«. Libra würde sich also gut eignen als Zahlungsmittel. Friedrich von Hayeks Traum einer »Entnationalisierung des Geldes« könnte also wahr werden.[13] Ob er allerdings dabei an Giganten wie Facebook gedacht hat, bezweifele ich stark.

Außerdem will sich Facebook auch gar nicht bei den sonstigen Kryptowährungen einreihen. Libra und Bitcoin »haben sich zum Ziel gesetzt, eine globale, digitale Währung auf Basis einer Blockchain zu schaffen. [...] Im Gegensatz zu Bitcoin oder Ether handelt es sich bei Libra um sogenannte Stablecoin. Die Kryptowährung ist dabei mit ihrem Wert an den Wert einer Fiatwährung, beispielsweise den Euro, gekoppelt. 1 Libra ist demnach ungefähr 1 Euro wert. Damit sollen extreme Kursschwankungen vermieden werden und die Besitzer der Kryptowährung gewinnen die Sicherheit, dass der Wert ihrer Libra stets ähnlich sein wird«, berichtet t3n.[14]

Die wohl wichtigste Info ist jedoch in meinen Augen: »Auch Facebook will den Anschein erwecken, als sei ihre digitale Währung dezentral, sodass Nutzer eben nicht auf eine zentrale Autorität vertrauen müssen.«[15] Doch Libra ist nicht dezentral und deshalb vollständig rückverfolgbar. Wenn man bedenkt, wie Facebook mit seinen Nutzerdaten umgeht, sollte das »potenziell interessierten Nutzer[n] schlaflose Nächte bereiten«, so *t3n*.

Facebook muss sich auch noch das Vertrauen erkämpfen, denn bisher hat das Unternehmen nicht gezeigt, dass es das Wohl der Nutzer an höchste Stelle setzt. Schließlich sind Facebook und alle anderen IT-Firmen, die mit Facebook für Libra zusammenarbeiten, private Unternehmen, die nicht demokratisch gewählt wurden, sondern sich selbst quasi der Aufgabe gestellt haben, eine neue Währung zu erschaffen. Es bleibt also noch abzuwarten, ob diese »staatsfreie« Finanzlösung wirklich funktionieren und das Vertrauen der Leute gewinnen kann.

Keynes' zweite große These ist die Überzeugung, dass Regierungen Depressionen verhindern können. Auch da haben sich die Top-Ökonomen verschieden verhalten. Mal hat der Staat bei einer Weltwirtschaftskrise eine relativ passive Rolle eingenommen, so wie in den Dreißigerjahren, mal hat der Staat alles Nötige getan, um Hilfspakete zu schnüren und große Unternehmen und Banken zu retten. Welcher Weg ist nun richtig?

Der Nobelpreisträger Robert Lucas, ein erklärter Anti-Keynesianer, gab einmal zu: »Jeder ist ein bisschen auch Keynesianer.«[16]

Was denkst du? Welcher Ökonom hat dich mehr überzeugt? Welche Philosophie entspricht dir eher? In diesem Fall gibt es kein eindeutiges Richtig oder Falsch, weil sich die Ökonomen bis heute über beide Theorien lebhaft streiten können.

Moneymaker: Christine Lagarde und der IWF

Ich erinnere mich noch ganz genau, als ich in der Schule ein Referat über Christine Lagarde halten musste. Damals kannte ich sie überhaupt nicht und musste mich erst einlesen, um zu verstehen, was diese Frau für eine besondere Aufgabe hat. Meine ersten Gedanken gingen wohl in die Richtung: »Wow, diese Frau muss richtig schlau sein und intelligent, dass sie sich in dieser kalten, harten Männerwelt so durchsetzen kann. Und Stil hat sie auch noch!«

Christine Lagarde ist derzeit Präsidentin der Europäischen Zentralbank (EZB) und war einige Jahre Chefin des Internationalen Währungsfonds (IWF) und damit die erste Frau auf dem Chefsessel dieser Institution. Beschrieben wird sie häufig mit den Attributen mächtig, kritisch, selbstbewusst und souverän. Ihrer Arbeit geht sie mit Mut nach und lässt sich nicht von großen Finanzexperten einschüchtern, sondern arbeitet sich selbstbewusst durch jede Krise und findet eine eigene Lösung. Sogar Angela Merkel hat sie einmal offen widersprochen!

Für ihren Job muss Lagarde viele Reisen in Kauf nehmen, die sie rund um den Globus führen. Dabei trifft sie wichtige Staats- und Regierungschefs und muss über ebenso relevante wie unangenehme Themen sprechen. Lagarde ist dafür bekannt, dass sie bei jeder Reise eine reine Frauenrunde organisiert, weil sie der Meinung ist, dass Frauen ehrlicher über schwierige Themen reden als Männer. Ihr Ehemann begleitet sie manchmal auf ihren

Dienstreisen. Was er über diese Annahme denkt, würde ich nur zu gern wissen, aber das werde ich wohl nicht so einfach erfahren.

Bekannt sind jedoch die Verhältnisse, in denen Lagarde aufgewachsen ist. Sie stammt aus einem einfachen katholischen Elternhaus im französischen Le Havre und musste sich schon früh schwierigen Aufgaben stellen. In ihrer Jugend war sie Synchronschwimmerin und gewann sogar eine Bronzemedaille bei den französischen Nationalmeisterschaften. Dabei musste sie viel Disziplin beweisen und lernte »die Zähne zusammen[zu]beißen und [zu] lächeln«. Doch nicht nur das war problematisch für Christine Lagarde. Sie musste auch mit der langen Krankheit und dem frühen Tod des Vaters zurechtkommen. Sie musste dann früh Verantwortung übernehmen und ihrer Mutter helfen. Daher nahm sie verschiedene Jobs an und kümmerte sich um die drei jüngeren Brüder.

Der erste Schritt auf ihrer steilen Karriere war ein Auslandsjahr zur Schulzeit, das sie in Bethesda bei Washington in einer Eliteprivatschule verbrachte. Nebenbei absolvierte sie ein Praktikum im Kongress. Bevor sie die große Verantwortung als IWF-Chefin annahm, war Lagarde eine sehr erfolgreiche, auf Arbeits- und Wettbewerbsrecht spezialisierte Anwältin. Ihre damalige Vorgesetzte in der Kanzlei Baker & McKenzie war ihr großes Vorbild, da sie Frauen gerne förderte, was damals noch nicht selbstverständlich war. Doch Lagardes Verhandlungsstärke wurde von ihr erkannt und unterstützt.

Bei Baker & McKenzie wurde Lagarde schließlich die erste Frau auf dem Chefsessel. Unter ihrer Führung war das Unternehmen die weltweit zweitgrößte Kanzlei für internationales Wirtschaftsrecht mit einem Umsatz von über 1 Milliarde Dollar. Sie hatte mehr als 3000 JuristInnen unter ihrer Kontrolle. Die darauffolgenden sechs Jahre leitete sie unter anderem Büros in Europa, bis sie 1999 als Vorstandsvorsitzende nach Chicago kam.[17]

2005 wechselte Lagarde schließlich in die Politik, hatte dort diverse Ämter inne und wurde dann 2011 geschäftsführende Direktorin des IWF. Trotz regelmäßiger provokanter Strafzölle vonseiten des wichtigen Geldgebers USA musste Lagarde immer cool bleiben. Schließlich war sie die Chefin einer Superorganisation, die die Anliegen vieler Seiten unter einen Hut bringen musste.

Bei Insidern wie dem niederländischen Ministerpräsidenten Mark Rutte war und ist sie als toughe Verhandlungspartnerin bekannt, die klar sagt, was sie will. [18]

Den Chefposten beim IWF übernahm sie unter schwierigen Umständen, denn die Stelle wurde nur frei, weil Dominik Strauss-Kahn aufgrund von Vorwürfen sexueller Belästigung zurücktreten musste. Auch das Ansehen des Fonds hatte stark unter den Handlungen des Vorgängers in Argentinien und Indonesien gelitten. So kam zum Beispiel ans Licht, dass seine diplomatischen Bemühungen in Jakarta wohl verdeckt den politischen Interessen Amerikas gedient hatten. Durch die Aktionen des Vorgängers wurde der IWF zu einer der meistgehassten Institutionen, der vorgeworfen wurde, viele Menschen in Armut zu stürzen. Lagarde hatte also einen unbequemen Job übernommen und musste nun nicht nur einen Imagewechsel vollziehen, sondern auch den Kurs ändern. [19]

Für alle, die noch nicht so ganz verstehen, was die Rolle des IWF ist, eine kurze Erklärung: Der IWF wurde 1944 gegründet und ihm gehören 189 Mitgliedsländer an. Jedes Land auf der Welt kann unter bestimmten Bedingungen Mitglied werden. Dazu muss es sich bereit erklären, bestimmten Pflichten zuzustimmen und mit der Institution bei währungspolitischen Themen zusammenzuarbeiten. Dabei entscheidet die jeweilige Wirtschaftskraft eines Landes über die Höhe des Mitgliedsbeitrags und auch darüber, wie sehr das Stimmrecht bei Entscheidungen gewichtet wird. Da die höchsten Einzahler im Moment Deutschland, USA und Japan sind, sind diese auch die kräftigsten bzw. wichtigsten Stimmen. Der IWF ist auf verschiedenste Weise aktiv. Das Ziel ist dabei immer die Förderung eines stabilen internationalen Währungssystems. Das heißt, dass der IWF seine Mitgliedsbeiträge dafür nutzt, anderen, schwächeren Mitgliedsstaaten aus Krisen zu helfen, so wie zuletzt auch bei der Euro-Krise. Doch sind die Hilfen nicht immer nur finanzieller Natur, Ländern kann auch bei der Erarbeitung von Konzepten zu verschiedenen Themen unter die Arme gegriffen werden. So hat sich der IWF beispielsweise auch zu Themen geäußert, die keinen direkten Zusammenhang zum Kerngeschäft haben, etwa Geschlechterfragen, Klimaschutz oder Migration. Lagarde wurde von vielen kritisiert, weil sie sich laut deren Ansicht zu zu vielen Themen äußerte und sich zu wenig fokussierte. Andere wiederum begrüßten diese Entwicklung.

Auch wurde oftmals, so etwa vom Ökonomen Adam Tooze[20], moniert, dass die Finanzkraft des IWF angesichts der globalen Finanzmärkte viel zu klein sei, um globale Krisen zu befrieden.

Trotz aller Kritik hat es Christine Lagarde geschafft, die Akzeptanz für den IWF zu erhöhen und zwischen der USA und den Interessen der Europäer zu vermitteln.

Lagarde hat mittlerweile eine neue Herausforderung übernommen und ist seit dem 1. November 2019 Leiterin der Europäischen Zentralbank. Dank ihrer langjährigen Erfahrung in einer ähnlichen Position bin ich persönlich guter Dinge, dass sie auch hier wieder frischen Wind in Diskussionen bringen wird.

Damit hat die Juristin es erneut geschafft, die erste Frau in so einer Position zu sein. Ich bin sehr gespannt, was sie in ihrer neuen Rolle schaffen wird und vor allem auch, welchem Moneymaker sie in der Zukunft mit ihren Entscheidungen als Vorbild dienen wird.

Die Europäische Zentralbank (EZB)

Das wichtigste Ziel der EZB ist die Preisstabilität. Gemessen wird der Erfolg an der Inflationsrate. Diese muss unter 2 Prozent bleiben. Die EZB legt eigentlich die Geldpolitik für den Euroraum fest und hilft, diese dann auch durchzuführen. Das geschieht mithilfe von verschiedenen Instrumenten. Eines davon ist zum Beispiel der Leitzins. Die EZB, oder genauer der EZB-Rat, beschließt, wie hoch oder niedrig dieser sein soll und hat damit direkten Einfluss auf die Wirtschaft und das Preisniveau innerhalb der EU.

Fun Story

Christine Lagarde hat gerne die Kontrolle in der Hand! So auch bezüglich der Kleidung, die Konferenzteilnehmer anhaben sollen. Bei einer Herbsttagung des IWF und der Weltbank im Jahr 2018 hat sie wohl per E-Mail eine Empfehlung geschickt: »Bitte nicht in Shorts kommen«, stattdessen solle der Dresscode »geschäftliche Kleidung oder langärmlige Batikhemden« eingehalten werden. Krawatten seien keine Pflicht. Damit solle die »richtige Balance zwischen den lokalen Wetterbedingungen und der geschäftlichen Natur des Treffens« geschaffen werden.
Aber warum verschickte sie so eine E-Mail? Nun, die Herbsttagung fand auf der Ferieninsel Bali statt und sie wollte wohl ganz sichergehen, dass niemand auf die Idee kam, in Shorts aufzutauchen, um wichtige Entscheidungen zu treffen.[21]

6. INFLUENCER: PERSÖNLICHE EINFLÜSSE UND DIE BÖRSENKURSE

Moneymaker: Die Kardashians – Kylie Jenner #jüngste Milliardärin

Ja, auch ich komme auf Instagram nicht an den Kardashians vorbei. Glücklicherweise kann ich mich zu den Personen zählen, die die Familie sehr sympathisch finden. Mit ihrer Reality-TV-Serie *Keeping Up With The Kardashians* auf dem Sender E-Entertainment haben sie mich schon als junges Mädchen mit in die Welt der Schönen und Reichen genommen. Ihr Leben wurde einfach komplett im TV ausgestrahlt und wir hatten als Zuschauer *front row seats*. Kris und Caitlyn Jenner (vorher Bruce Jenner) sind Eltern reicher Kinder. Gemeinsam mit ihren fünf Kindern – darunter It-Girl Kim Kardashian – lassen sie die Welt in ihr

> Baby mama cover Forbes, got these other bitches shook, yeah.
>
> Travis Scott, »Sicko Mode«

Wohnzimmer. Kris Jenner spielt dabei eine wichtige Rolle im Leben ihrer Kinder. Sie ist der sogenannte **Momager**. Definition des Wortes laut *Urban Dictionary*: »A mother who manages her children's careers«, also eine Mutter, die die Karriere ihrer Kinder managt oder auch witzigerweise: »a parent who pushes their child or children into show business at the risk of their mental and physical health and without any regard to their social development or privacy«, auf Deutsch: Ein Elternteil, der sein(e) Kind(er) ins Show Business drängt und dabei seine/ihre geistige und körperliche Gesundheit gefährdet ohne auf seine/ihre soziale Entwicklung oder Privatsphäre Rücksicht zu nehmen.

Kris hat offenbar ein Händchen dafür, wie sich eine Marke entwickeln muss, um wirklich erfolgreich zu werden. Wir wollen uns im Folgenden mit einer Tochter von ihr beschäftigen: Kylie Jenner. Obwohl ihre Geschwister auch wirklich viel Geld machen durch ihre Kooperationen mit Marken, ihrem Social-Media-Einfluss und ihren Modelaufträgen sticht in meinen Augen Kylie besonders hervor. Warum? *Forbes Magazine* kürte sie zur bislang jüngsten Selfmade-Milliardärin der Welt.

Ihr Geld verdient die Kalifornierin vor allem mit ihrem Unternehmen Kylie Cosmetics, das 2015 startete. Bis heute gehört ihr das Unternehmen zu 100 Prozent. Durch die Werbung, die sie für ihre Lippenstifte, Eyeliner und Pinsel auf ihren eigenen Social-Media-Kanälen und im Fernsehen machen konnte, wurden gleich die ersten Produkte sehr erfolgreich: In den ersten eineinhalb Jahren nahm sie allein mit Kosmetik-Verkäufen rund 420 Millionen US-Dollar ein. Eine Summe, die umso beachtlicher ist, wenn man sie mit den Zahlen der Konkurrenz vergleicht: Tom Ford etwa brauchte zehn Jahre, um mit seiner Beauty-Linie die 500-Millionen-Dollar-Marke zu knacken. Und Jenner erreichte das ohne Zwischenvertrieb oder Handelspartner, ausschließlich im Direktverkauf über ihre Website. Eine riesige Fanbase folgt ihr. Allein den Instagram-Kanal ihres Unternehmens haben über 21 Millionen Menschen abonniert. Ich bin mir sicher, dass ihr selbst auch schon durch euren Freundeskreis mit ihr in Berührung gekommen seid, denn sie ist wirklich überall auf den sozialen Kanälen zu finden.

Große Wellen schlug sie zum Beispiel mit dem YouTube-Trend »Kylie Jenner Lip Challenge«. Darunter versteht man den Versuch, dadurch, dass man mit seinen Lippen ein Schnapsglas ansaugt, und einen Unterdruck erzeugt, die voluminösen Lippen Kylie Jenners nachzuahmen. Was für manche vollkommen ernst gemeint war, wurde schnell zum Spaß, der viele (auch männliche) Nachahmer fand. Doch wieso sollte man aussehen wollen wie Kylie Jenner? Gegenfrage: Wieso nicht? Sie postet immer wieder Fotos in schönen Outfits, präsentiert sich nur von ihrer besten Seite und hat viele einflussreiche Freunde, die loyal zu ihr halten.

Jenner scheint auch genau zu wissen, was ihre jungen Follower wünschen: eine erschwingliche Kosmetik, die sie am Ende vielleicht ein bisschen so aussehen lässt wie Jenner selbst. Für diesen Erfolg hat die US-Amerikanerin sehr geschickt ihre frühe Berühmtheit und die sozialen Medien genutzt. Als die oben genannte Serie startete, war Kylie zehn Jahre alt. Mit 13 nahm sie erste Modeljobs und Fotoshootings an. 2015 schließlich brachte sie ihre Kosmetik-Linie auf den Markt. Kylie Jenner gilt heute als eine der wichtigsten Influencerinnen in der Branche. Sie schaffte es, ihre Follower, unter anderem auch mich, in Fans zu verwandeln, die schließlich auch ihre Produkte kaufen wollen. 900 Millionen US-Dollar soll ihr Unternehmen mittlerweile wert sein, schätzt *Forbes*.

Nicht immer wird bei Videos in den sozialen Netzwerken klar, wann es sich um Werbung handelt. Um die Nutzer vor einer unbewussten Beeinflussung zu schützen, müssen in Deutschland Instagram-Posts als Werbung gekennzeichnet werden, wenn sie Marken einblenden oder zu Unternehmen verlinken. Bei Kylie ist die Sache klar – sie macht sehr direkt Werbung für sich und ihre Produkte.

Aber warum habe ich Kylie in die Moneymaker-Liste aufgenommen? Klar, Kritik an ihr gibt es immer wieder. Hier sind Ausschnitte aus einem Artikel aus dem *Handelsblatt* über sie. Sie spiegeln die Meinung der traditionellen Medien wider.

- »Eine häppchenweise servierte und dennoch komplett erschöpfende visuelle Enzyklopädie der dekorativen Existenz. Und ab und an, immer wieder eingekrümelt zwischen Fotos, auf denen Kylie etwa fast aus einem Hubbabubba-pinken Latexkleid zu bersten scheint, wird Geld verdient: indem sie ein Selfie mit glasierten Lippen zeigt und im dazugehörigen Kommentar erwähnt, sie trage heute übrigens den Farbton ›Diva‹.«
- »Kylies Kapital sind ihre Lippen, was nur noch halb so albern klingt, wenn man bedenkt, dass ihre Halbschwester Kim das eigene Imperium ihrem Hinterteil verdankt.«
- »Kylie könnte sich also zum ultimativen Girlboss stilisieren. Aber der Businessteil ihrer Unternehmungen scheint ihr leider so gar nicht ›instagramable‹.«[1]

> ### Doppelmoral

Sollte sie weiterhin in der Geschwindigkeit wie bisher Geld verdienen, wird sie noch eher zum Milliardär als Mark Zuckerberg. Bei dem hieß es in den Medien allerdings oft, dass er ein Genie sei. Wieso halten sich die Journalisten bei Männern wie

Mark Zuckerberg heraus, wenn sie das Business-Modell nicht verstehen, können aber einer jungen Dame ihren Erfolg nicht gönnen?

»Es klang nur mittelmäßig plausibel und sieht bei unsachgemäßer Ausführung schnell eher clownesk aus«, so das *Handelsblatt*[2]. Wenn das wirklich so schrecklich aussieht, wie diese große Zeitung schreibt, warum finden Kylies öffentliche Schminktipps dann so große Resonanz, dass ihre Lieblingsprodukte von Make-up-Firmen monatelang nicht lieferbar sind? Hier sieht man ganz deutlich, dass das Business-Modell klar aufgeht und funktioniert. Nur weil man selbst nicht von einem Produkt überzeugt ist, heißt das noch lange nicht, dass es albern ist und man auf die Kundschaft herabblicken muss. Jenner unterstützt junge Frauen und übrigens auch junge Männer dabei, sich schön zu fühlen. Haben nicht auch teure Uhren und schicke Autos, sprich die Produkte anderer, alter Businessmänner einen ähnlichen Zweck? Albern ist dies dann natürlich nicht. Es wird wohl noch eine Weile dauern, bis man Werbung für Kosmetikprodukte gleich neben der für Autos und Uhren im *Handelsblatt* sehen wird. Dieses zweierlei Maß wird für Frauen wahrscheinlich noch genauso lang gelten.

Kylie Jenner verdient ziemlich viel als Werbegesicht für verschiedenste Marken, sowohl im Fernsehen als auch in der Onlinewelt, doch sie ist nicht nur Influencerin. Das meiste Geld kommt immer noch aus ihrem eigenen Unternehmen – Kylie Cosmetics. Vertrieb und Produktion sind komplett ausgelagert. Das Unternehmen ist somit super schlank. Ich war selbst überrascht, wie wenige direkte Mitarbeiter sie hat – aktuell arbeiten etwa sieben Vollzeitangestellte und fünf Teilzeitangestellte für sie. Die Produktion übernimmt jedoch eine andere Firma, Seed Beauty. Die haben über 500 Mitarbeiter für die Make-up-Linie von Jenner bereitgestellt. Der Verkauf und die Abwicklung wird von der Onlineshop-Plattform Shopify organisiert. Kris Jenner ist bei ihren Töchtern meistens so was wie eine Managerin und bekommt dafür 10 Prozent des Gewinns.[3] Marketingkosten: null. Halt stopp. Das lese ich in ganz vielen Quellen, doch das stimmt so nicht. Schließlich ist ihre eigene Plattform ja das mächtigste Marketingtool, das sie besitzt. Nur weil es sie nichts »kostet«, heißt es aber nicht, dass die Marketingkosten gleich null sind. Für jeden anderen Post, bei dem sie nicht über Kylie Cosmetics redet, würde sie schließlich Geld verdienen, wenn sie andere Marken nennt. Konkret: Laut mehreren Quellen verdient Kylie Jenner bis 1,2 Millionen US-Dollar pro Post und ist damit einer der bestverdienenden Stars auf Instagram.[4] Sie hat die ganze Aufmerksamkeit auf sich gezogen und schafft es mit ihren eigenen Online-Aktivitäten, die Leute zum Kaufen zu bewegen. Als Gesicht der Marke ist sie somit zum größten Teil für ihr eigenes Marketing verantwortlich. Da wir ja schon wissen, wie viel Unternehmen ihr pro Posting zahlen, ist klar, dass ihre »Marketingkosten« also sehr hoch sind, auch wenn sie keine Print-Flyer verteilen muss wie andere Marken.

Es gibt viele Leute, die es nicht als Arbeit gelten lassen wollen, sich permanent mithilfe eines Teams selbst zu fotografieren, zu filmen und zu inszenieren. Streng genommen kann man aber sagen, dass auch Steve Jobs und/oder Angela Merkel sich tagtäglich mit ihrer Kleidung, ihren Aussagen und vielen anderen Dingen selbst inszenieren, um erfolgreich zu sein. Wieso also an Kylie Jenner hassen, was man bei anderen Personen akzeptiert? Fest steht: Die Verkaufszahlen und Fans sind auf Kylie Jenners Seite. Das belegt nun auch eine Umfrage des Meinungsforschungsinstituts YouGov. Dabei hat das Institut 1000 16- bis 25-Jährige in Deutschland befragt, wer (aus einer eingegrenzten Liste an Namen) ein Idol für sie darstellt. Die Antwort? Gleich nach Elon Musk schaffte es Kylie Jenner auf die Liste der Karriere-Vorbilder.[5] Wieso das Leute verwundert, ist mir ein Rätsel. Aber ein Satz aus dem *Handelsblatt*-Artikel[6] lässt es mich erahnen:

> *»Kylie Jenner könnte also ein prächtiges Vorbild für junge Mädchen sein, der strahlende Beweis dafür, dass auch Frauen erfolgreiche Unternehmerinnen sein können. Leider bleibt dieser Part ihres Lebens in ihrer endlosen Bilderflut unsichtbar, obwohl er doch so leicht einzubinden wäre. Etwa wie man den Business-Stress wuppen kann, wenn man nicht nur Unternehmerin, sondern auch junge Mutter ist.«*

Anscheinend sollte sie ihre Rolle im Unternehmen also ganz genau kommunizieren. Und öfter über die Probleme reden, als Mutter den ganzen »Business-Stress« zu wuppen. Komisch, so eine Kritik habe ich in der Zeitung noch nie beispielsweise über den sechsfachen Vater Elon Musk gelesen. Wieso sie dann bei Kylie Jenner auftaucht, verstehe ich nicht. Von ihrer Zielgruppe wird sie interessanterweise nicht nur als »Püppchen« wahrgenommen, sondern auch ganz klar als Business Woman. Sie stellt mit ihrem Cosmetics-Imperium damit durchaus ein Vorbild für junge Leute dar. Vor allem beweist sie, dass man auch als junge Mutter seinen eigenen Weg gehen kann und sich nicht beirren lassen darf durch die Berichterstattung der Medien.

Jenner ist auf jeden Fall der festen Überzeugung, dass ihr Unternehmen noch lange bestehen wird. »Vielleicht übergebe ich die Geschäfte irgendwann an Stormi, wenn sie Lust hat«, verriet sie neulich. Und da fällt einem ein, was man kurz vergessen hatte: Kylie Jenner ist erst 21 Jahre alt.

Karriere-Vorbilder der 16- bis 25-Jährigen in Deutschland
Erhaltene Stimmen in Prozent

Steve Jobs	27	Justin Bieber	10
Mark Zuckerberg	25	Usain Bolt	9
Elon Musk	23	Kanye West	7
Kylie Jenner	20	Banksy	6
JK Rowling	20	Weiß ich nicht	5
Ariana Grande	20	Zoella	4
Cristiano Ronaldo	14	Richard Branson	4
Karl Lagerfeld	13	Gordon Ramsay	4
PewDiePie	13	Theresa May	2
Kim Kardashian	12	Anna Wintour	2
Angela Merkel	11		

Kylie Jenner spielt ganz weit vorne mit, auf der Beliebtheitsskala der 16–25-jährigen. Quelle Yougov

Neben dem Aspekt, dass man sie durchaus als Karriere-Vorbild nehmen kann, finde ich jedoch auch, dass man ebenso gut auf ihrer Erfolgswelle reiten kann, wenn man will. So beeinflusst die 21-Jährige mit ihren Aussagen den Aktienmarkt maßgeblich. Eine von ihr erwähnte Firma kann von ihrem Einfluss also durchaus profitieren, aber ebenso gut mächtig verlieren, wie kürzlich gezeigt. Mit diesem emotionalen Tweet im Februar 2018 brachte sie die Snapchat-Aktie tatsächlich zum Absturz! Denn Snapchat verlor 1,7 Milliarden Dollar an Wert.[7] Ich finde dieses Beispiel besonders eindrucksvoll, weil es belegt, dass man als junger Mensch durchaus in der Lage ist, Zusammenhänge zu verstehen. In diesem Fall begreift man die Wirkung ihrer Aussage viel besser, wenn man selbst die App Snap nutzt und die Reaktionen von Freunden nachempfinden kann. Hier liegt der entscheidende Vorteil von vielen jungen Menschen. Sie sind da, wo Trends entstehen. Sie sind die Ersten, die merken, wenn sich der Wind in eine bestimmte Richtung dreht, und haben somit einen entscheidenden Vorteil. Mit dem Update der App wurde nämlich nicht nur Kylie Jenner verärgert, sondern die ganze Community fand das neue Design schlecht. Das wurde schon lange vor Kylies Aussage klar. Bezogen auf das Börsengeschäft hätte man bei der Aktie also »short gehen« können, also sozusagen darauf wetten, dass der Kurs fällt.

So einfach das klingt, Anfänger sollten die Gefahren beim Short-Trading nicht unterschätzen und auf diese Investitionsart am besten ganz verzichten – vor allem sogenannte »gehebelte Finanzprodukte« sollte man erst nutzen, wenn man schon erfahrener ist.

Um unser Beispiel zu Ende zu bringen: Kylie Jenner zeigte sich in einem weiteren Tweet später versöhnlich und schrieb: »Liebe dich aber immer noch Snap ... meine erste Liebe« – und siehe da, der Kurs erholte sich!

Moneymaker: Climate Change

In diesem Kapitel sollte es ursprünglich um persönliche Einflüsse gehen. Geplant war eher ein längeres Kapitel über verschiedene Gesichter aus der Pop-Szene und eine detailliertere Erläuterung von deren Investments. Doch in dem Jahr, in dem ich dieses Buch geschrieben habe, ist enorm viel passiert, was sich auch auf meine

Planung ausgewirkt hat. Das vergangene Jahr war das Greta-Thunberg-Jahr, wenn man so will. 2019 hat die Welt ein starkes kollektives Bewusstsein für die Umwelt und die Rolle des Menschen darin entwickelt. Ein 16-jähriges schwedisches Mädchen sensibilisierte Millionen von Menschen für das Thema Klimawandel und setzte mit der Bewegung Fridays for Future (FFF) eine Welle an Protesten in Gang, indem sie anfangs nur Schülerinnen und Schüler, später aber auch WissenschaftlerInnen, ManagerInnen, PolitikerInnen und viele mehr dazu aufrief, sich lautstark gegen die aktuelle Umweltverschmutzung zu engagieren.

Ohne dir, liebe Leserin, lieber Leser, zu nahe treten zu wollen, steht eines fest: Es ist vollkommen irrelevant, ob du eine persönliche Sympathie für Greta hegst oder nicht. Das, was die Schülerin anspricht und wofür sie kämpft, hat seine wissenschaftlichen Grundlagen und sollte umgesetzt werden. Die Schwedin will ja eigentlich nichts Unmögliches. Sie erinnert nur immer wieder an das Pariser Abkommen, das viele Nationen dazu verpflichtet, Maßnahmen gegen die Erderwärmung einzuleiten. Der Website von Fridays for Future kann man auch ganz klar die Forderungen entnehmen. »Fridays for Future fordert die Einhaltung der Ziele des Pariser Abkommens und des 1,5-Grad-Ziels. Explizit fordern wir für Deutschland: Nettonull 2035 erreichen, Kohleausstieg bis 2030 und 100 Prozent erneuerbare Energieversorgung bis 2035.«[8]

Diese Ziele sind politischer Natur, was bedeutet, dass FFF vor allem etwas von der Regierung und den führenden Unternehmen verlangt und weniger von den einzelnen Verbrauchern einer Volkswirtschaft. Wenn du diese Bewegung unterstützen möchtest, kannst du dich also bei Demonstrationen beteiligen und/oder der Bewegung finanziell Beistand leisten. Schließlich sind viele junge Menschen an den Protesten beteiligt und investieren teilweise ihr eigenes Taschengeld. Doch auch außerhalb dieses

Spektrums kannst du dich mit dem Thema auseinandersetzen. Weil du ein Finanzbuch in der Hand hast, möchte ich dir im Folgenden vor allem die finanziellen Optionen einer solchen Entscheidung erklären. Also: Wie kann der einzelne Verbraucher, ob FFF-Mitglied oder nicht, beim Kampf gegen den Klimawandel mithelfen?

Es wäre nicht verkehrt, sich zunächst mit seinem eigenen Leben zu beschäftigen. Angefangen vom Frühstück über die Art, wie du lebst, was du insgesamt isst und trinkst bis hin zu der Kleidung, die du kaufst, kannst du dir Gedanken darüber machen, wie du effektiv deinen CO_2-Fußabdruck minimieren kannst. Es gibt sogar spezielle Seiten, die dir helfen, das genauer auszurechnen, indem sie viele Aspekte in deinem Leben mit dem Durchschnitt vergleichen. Auf der Seite www.fussabdruck.de/ kannst du dich schlaumachen. Wenn dir dann erst mal klar ist, auf welche Produkte du verzichten und welche Lebensgewohnheiten du ändern solltest, kannst du einen zweiten Blick auf die Unternehmen richten, die von dieser Entscheidung beeinflusst werden. Beispielsweise könnte dein allererster Schritt sein, zu prüfen, ob deine Bank nachhaltig ist. Hier sind mittlerweile verschiedene Anbieter auf den Markt gekommen, die eine Alternative zu den gängigen Unternehmen bilden könnten, wie zum Beispiel das hippe Start-up Tomorrow (https://www.tomorrow.one/), das es dir ermöglicht, ein nachhaltiges Girokonto zu eröffnen. Oder du könntest zur GLS-Bank wechseln. Die bezeichnet sich als Bank, »die nachhaltige UnternehmerInnen finanziert, statt an Finanzmärkten zu spekulieren, damit neue sozial-ökologische Angebote in unserer Gesellschaft entstehen« können.[9]

Ist das nicht interessant für dich, weil du dich da bereits stark gemacht hast, könntest du einen Schritt weitergehen und darüber nachdenken, dein Geld tatsächlich nachhaltig zu investieren.

Damit sind zwei Arten von Investments gemeint. Zum einen das normale »Spenden«, das heißt du könntest NGOs bei ihren Projekten helfen, indem du sie finanziell unterstützt. Dies ist für mich auch eine Form des Investierens, weil es in meiner Welt nicht immer darum gehen muss, dass am Ende sofort etwas für den Spender herausspringt, sondern auch darum, sich für eine Sache oder ein Thema einzusetzen. Du kannst dich sogar dazu entscheiden, deine Zeit zu investieren oder deine Fähigkeiten für etwas Größeres zu nutzen, ohne direkt etwas zurückzuerwarten.

Zum anderen kannst du natürlich das Wörtchen Investieren auch klassisch verstehen. Also in dem Sinne, sein Geld in ETFs, einzelne Aktien, Fonds etc. anzulegen mit dem Ziel, dadurch sein Geld zu vermehren. Das finde ich besonders interessant für uns. Zu Zeiten von Fridays for Future und Greta Thunberg ist grünes Investment natürlich in Mode. Aber ist eine ökologisch nachhaltige Ausrichtung mit unserer kapitalistischen Marktwirtschaft kompatibel? Ich finde ja! Wir leben nämlich in einer Zeit, in der sich viel in den Köpfen der Menschen verändert.

Was man sich stets vor Augen führen sollte: Am Ende steht immer ein Konsument, der auswählt, welche Dienstleistungen und welches Produkt er haben möchte. Je mehr Konsumenten sich für nachhaltige Unternehmen interessieren und sich entschließen, in sie zu investieren, desto größer ist der Effekt. Würde es bei einer kleinen Menge bleiben, die nachhaltiger anlegt, würde das am großen Ganzen nicht viel ändern. Bei wachsendem Druck vieler Konsumenten müssen sich langfristig selbst Unternehmen wie der Nestlé-Konzern entwickeln und auf den »Nachhaltigkeitszug« aufspringen. Schlechte Börsenkurse mögen Unternehmer nämlich nicht und so würden sie bei massivem Druck der Konsumenten einen Vorstand wählen, der eine nachhaltigere Richtung einschlägt. Die Konsequenz: Es entstehen grünere Unternehmen, und der Kapitalismus wird nachhaltiger. Ich finde, dass der moderne Geldanleger die Verantwortung dafür trägt, angesichts der bekannten Tatsachen nicht mehr blind auf Unternehmen zu bauen, die eine Aussicht auf Gewinn darstellen, sondern über den Tellerrand hinauszublicken. Im Grunde sollten die Assets, in die man investiert, optimalerweise auch die eigenen Wertvorstellungen widerspiegeln und vor allem auf lange Sicht Sinn ergeben. Mir ist bewusst, dass dies nicht immer möglich sein wird, doch man sollte sich die Zeit nehmen, die Vorschläge aus dem »grünen« Bereich einmal anzuhören. Ich bin nämlich relativ schnell fündig geworden.

Zunächst einmal: Was ist genau nachhaltig und auf was musst du dabei achten?

Eigentlich gibt es keine einheitliche Definition von Nachhaltigkeit. In unserer täglichen Sprache wird der Begriff ja relativ schwammig verwendet. Was würden wir beispielsweise genau unter einem »nachhaltigen Lifestyle« verstehen? Ernährt er oder sie sich mit wenig Fleisch oder gar vegan? Verzichtet er/sie komplett aufs Fliegen, oder werden nur nähere Ziele für einen Kurzurlaub gebucht?

Der Begriff ist also sehr flexibel einsetzbar. Trotzdem gibt es viele Ansätze für sogenannte Nachhaltigkeitsfonds. Sie investieren in Aktien von Firmen, die in ihrer Branche am nachhaltigsten geführt werden (Best-in-Class-Ansatz), oder in Öko-Titel (Ausschlussverfahren). Bisher haben in Deutschland rund 400 Nachhaltigkeitsfonds die Zulassung erhalten. Damit du die Qualität der einzelnen Fonds einschätzen kannst, haben Ratingagenturen wie beispielsweise Morningstar oder Oekom Research Ratings eingeführt. Es gibt aber auch ein Gütesiegel des Forums für Nachhaltige Geldanlagen, an dem du dich orientieren kannst. Das wurde bisher an 38 Fonds vergeben.[10]

Natürlich müssen es nicht immer Fonds sein. Wenn dir der Überblick schwerfällt, kannst du dir deine eigene Aktien-Palette zusammenstellen und selbst die deiner Meinung nach nachhaltigen Aktien auswählen. Das Internet bietet schließlich alle Informationen, die wir brauchen, wenn wir uns nur ausreichend damit beschäftigen. Also: Die Entscheidung, Unternehmen zu wählen, die nachhaltig, umwelt- und klimafreundlich wirtschaften, können professionelle Investoren und vor allem auch private Anleger wie du treffen. Die wichtigsten Kriterien, die du dabei im Auge haben solltest, sind:

1. Rendite
2. Nachhaltigkeit
3. Verfügbarkeit
4. Sicherheit

Fazit: Die Diskussionen rund ums Klima sind superwichtig und zeigen uns die vielen Möglichkeiten auf, wie wir die Welt besser schützen können. Das gilt auch für die Finanzbranche. Nicht nur der professionelle Fondsmanager ist dazu angehalten, sich aktiv damit zu beschäftigen, sondern auch der einzelne Trader kann etwas beisteuern. Damit können wir dazu beitragen, dass es so etwas wie einen »nachhaltigen Kapitalismus« gibt, bzw. uns zumindest mit dieser Idee beschäftigen und eine insgesamt nachhaltigere Richtung einschlagen.[11]

Moneymaker: Madame Moneypenny

»Armut ist sexistisch. Wir müssen sicherstellen, dass Frauen nicht vergessen werden.« *Christine Lagarde, 2015*

Eine weitere sehr interessante Person, die ich euch ans Herz legen möchte, ist Natascha Wegelin, auch bekannt als »Madame Moneypenny«. Sie wurde 1985 im Ruhrgebiet geboren und ist sowohl Unternehmerin als auch Anlegerin. Nach einem BWL-Studium sammelte sie ihre Berufserfahrungen unter anderem bei Parship und Google und gründete mit 26 Jahren dann ihr erstes Unternehmen. Obwohl wir sie hier vor allem in ihrer Rolle als Madame Moneypenny kennenlernen werden, macht sie mit etwas anderem Geld. Eine zentrale Rolle hat sicherlich das Portal wg-gesucht.de eingenommen, welches sie 2017 an Immobilien-Scout24 verkauft hat. Nebenher startete sie den Blog Madame Moneypenny, der Frauen aus den verschiedensten Branchen dazu bewegte, sich mit dem Thema Finanzen und Altersvorsorge auseinanderzusetzen. Auf Instagram und YouTube erzählt Natascha oft von ihren gut besuchten Seminaren und Online-Kursen, bei denen sie ihre Inhalte auf die Teilnehmer zuschneidet. Mit all dem ist sie so erfolgreich, dass ihre Website einer der größten Finanzblogs Deutschlands geworden ist.

> Most black men couldn't balance a check book but buy a gold chain talking bout how their neck look.
>
> Kanye West, »Saint Pablo«

Ich habe mich mit ihr unterhalten und ihr ein paar Fragen gestellt. Schließlich muss man seine eigenen Finanzen fest im Blick haben, bevor man in Aktien investieren kann, oder? Warum sollte sich absolut jeder mit seinen eigenen Finanzen beschäftigten, habe ich sie gefragt.

»Weil entweder wir das Geld oder das Geld uns beherrscht. Ersteres ist deutlich angenehmer. Um ein nach individueller Definition gutes Leben führen zu können, muss man sich dieses Leben auch leisten können. Sowohl im Hier und Jetzt als auch später, beispielsweise im Rentenalter. Ob es uns gefällt oder nicht: Geld spielt eine große Rolle und beeinflusst uns und unser Leben stark. Daher sollte jede/-r einen Umgang mit Geld pflegen, der ihn/sie dazu befähigt, ein Leben nach den eigenen Vorstellungen zu führen. Aller Anfang ist schwer. Auch für mich war es nicht gerade einfach. Ich war damals 26 Jahre alt und hatte soeben meinen ersten Vollzeitjob nach dem Studium gekündigt, um mein eigenes Unternehmen aufzubauen. Und dabei hatte ich, offen gesagt, keine Ahnung von dem allen. Weder wie man ein Unternehmen führt, noch wie man seine eigenen Finanzen organisiert. Doch eines hatte ich gehört: Auf die gesetzliche Rente ist kein Verlass mehr. Also entschied ich mich dazu, mich von der gesetzlichen Rentenpflicht befreien zu lassen – ich zahlte nichts mehr ein.«

Wow, das hätte ich mich nicht getraut, ich würde mich allerdings auch nicht für schlau genug halten, Finanzberaterin zu werden, aber Natascha lässt es wunderbar einfach aussehen.

»Ich bin selbst keine Finanzberaterin und möchte auch keine sein. Ich stamme aus dem Ruhrgebiet, aus einem Elternhaus aus der Mittelschicht. Ich hatte immer nur eine glückliche Vier in Mathe und habe nichts mit Finanzen studiert. Mit Intelligenz hat das wirklich wenig zu tun. Ich brenne einfach für dieses Thema.«

Sie betont auch immer wieder, dass das, was sie macht, kein Hexenwerk ist, sondern wir alle das Thema durchschauen können, wenn wir nur wollen und keine Angst haben.

»Es fängt ja schon bei der Übernahme der Verantwortung an. Das ist der erste Schritt. Viele verlassen sich auf den Staat, auf ihren Mann, Arbeitgeber, Bankberater. Manche haben Probleme zu sparen, manche nicht. Die Ursache dafür liegt in den Glaubenssätzen, die wir in der Kindheit von unseren Eltern mitbekommen haben. Investieren tun ja extrem wenige Deutsche. Viele trauen sich da nicht ran, haben Angst vor dem vermeintlichen Risiko und der vermeintlichen Größe des Themas. Die meisten wissen gar nicht, dass man alles selbst machen kann, sondern denken, sie bräuchten dafür einen Berater. Denen wiederum vertrauen – zu Recht – nur noch wenige … Allerdings hakt es, meiner Meinung nach, schon beim grundlegenden Umgang mit Geld: Wie verdiene ich eigentlich? Wie viel gebe ich aus? Kann ich mir das alles überhaupt leisten? Wie entsteht Vermögen? Das lernen wir aktuell nirgends: nicht in der Schule, nicht im Studium. Und Eltern sind oftmals genauso ahnungslos. Umso wichtiger, dass Aufklärungsarbeit durch BloggerInnen, AutorInnen, YouTuberInnen, Podcasts etc. geleistet wird.«

Da kann ich natürlich nur nicken. Klar, ich habe mich in erster Linie damit beschäftigt, ob das Thema Börse überhaupt in den Schulen angegangen wird. Dabei habe ich total übersehen, dass es nicht um die eigenen Finanzen geht in der Schule ... warum also sollten die Lehrer überhaupt mit dem Thema Börse anfangen? Mich interessiert, was Natascha gegen ihre Ahnungslosigkeit getan hat.

»Na ja, was tut man gegen Ahnungslosigkeit? Man eignet sich Wissen an! Ich investierte fortan in meine Bildung im Bereich Finanzen und informierte mich umfassend über Rente, Aktien, Börse, Versicherungen. Ich las etliche Bücher, hörte Podcasts, schaute YouTube-Videos an, nahm an Online-Kursen teil und las Blogartikel. Obwohl ich ein recht sparsamer Mensch bin, sparte ich an einem nicht: an Bildungsangeboten. Solche Investitionen in sich selbst nennt man Investitionen ins eigene Humankapital. Humankapital ist meine absolute Lieblingsinvestitionsart.«

In dem Sinne: Der Fakt, dass du dieses Buch überhaupt in den Händen hältst und auch wirklich liest, bedeutet, dass du dich weiterbilden möchtest und in dich investierst. Du hast begriffen, dass es niemanden geben wird, der dir einfach so die Welt erklären wird, sondern du dich selbst auf diese Reise begeben musst. Es wird hoffentlich nicht dein letztes Fachbuch sein, das du zu dem Thema in Angriff nimmst, und auch nicht die letzte Lektion sein, die du begreifst.

Auch ich investiere natürlich in mich selbst und habe Nataschas Buch *Madame Moneypenny* gekauft. Aber nicht nur, weil ich lernen wollte, wie ich selbst meine Finanzen in die Hand nehmen kann, sondern auch weil ich sehr lange den Social Media Accounts von ihr gefolgt bin. Natascha Wegelin hat es tatsächlich geschafft, mich irgendwie emotional für das Thema einzunehmen.

So führt sie viele Statistiken an, die mich immer wieder schockieren. Einer Studie im Auftrag des Bundesministeriums für Familie, Senioren, Frauen und Jugend zufolge haben lediglich 10 Prozent aller Frauen in Deutschland ein Nettoeinkommen, das über 2000 Euro liegt.[12]

»*Nur 10 Prozent der 30- bis 50-jährigen Frauen in Deutschland haben ein eigenes Nettoeinkommen von über 2000 Euro.*«

Studie im Auftrag des Bundesministeriums für Familie, Senioren, Frauen und Jugend

Oder sie zitiert erschütternde Artikel aus namhaften Zeitungen. Beispielsweise schrieb die *Süddeutsche Zeitung*: »Gleichzeitig werden voraussichtlich 75 Prozent der heute 35- bis 50-jährigen Frauen von Altersarmut betroffen sein.«[13]

Immer wieder kann ich es einfach nicht fassen, erzähle meinen Freunden von den Artikeln und frage mich, wie es so weit kommen konnte, und vor allem, wie wir da wieder rauskommen können. Natascha meint dazu: »Viele Dinge sind für diese Zahlen heute verantwortlich: Der Gender Pay Gap, die Teilzeit-Falle, die Bequemlichkeit von Frauen, sich auf ihre Männer zu verlassen. Dieser ganze Missstand macht mich auf vielen Ebenen wütend und motiviert mich zugleich, meine Mission weiterzutreiben. Zum einen leben wir in einem auf vielen Ebenen unfairen System (zum Beispiel steuerlich). Daran wird sich nur in absehbarer Zeit nichts ändern. Was bleibt uns also? Uns nicht auf das System zu verlassen, nicht auf den Staat, nicht auf andere. Sondern: Verantwortung übernehmen, Ärmel hochkrempeln und anpacken. Wir müssen für uns selbst sorgen. Alles andere ist existenzbedrohend.«

Ein starkes Wort. Ich lasse es mir noch mal durch den Kopf gehen: *ex-is-tenz-be-dro-hend*. Man möchte fast meinen, man wird Teil einer Revolution, sollte man sich wirklich dafür entscheiden, sich in puncto Finanzen weiterzubilden.

Was rät Natascha heute jungen Menschen, die in ihre Fußstapfen treten wollen?

»Man kann jeden Tag eine Sache tun, um seine Bildung in Finanzdingen voranzutreiben. Zehn Minuten pro Tag hat nun wirklich jeder übrig, um mal in einem Buch zu blättern oder seine eigenen Finanzen durchzurechnen.«

In ihrem Buch sieht sie es durchaus auch als Arbeit an, sich von negativen Glaubenssätzen zu befreien. Was sich nach Esoterik anhört, ergibt bei genauem Hinsehen schnell Sinn. Hier überschneidet sich das Publikum von Madame Moneypenny und mir, auch ich merke immer wieder, dass viele Menschen sich »aus Prinzip« nicht mit dem Thema Börse, Wirtschaft & Co. beschäftigen, denn sie glauben Folgendes:

1. Reichtum ist ungerecht. So viele Menschen leiden Hunger.
2. Geld ist zum Ausgeben da.
3. Geld macht nicht glücklich.
4. Reichtum macht einsam.
5. Reichtum schafft nur Neid.

Bingo. Auch ich war einer der Menschen, die fest an diese Grundsätze geglaubt haben. Es hat einige Zeit gedauert, bis ich mich von der ganzen negativen Energie im Zusammenhang mit Geld lösen und meinen Weg zur finanziellen Unabhängigkeit langsam, aber sicher angehen konnte.

Durch den ersten Glaubenssatz sieht man Reichtum als etwas Negatives und nicht als etwas, das vieles ermöglicht. So kann man mit viel Geld natürlich auch etlichen Organisationen helfen und etwas gegen den globalen Hunger tun. Natascha fordert dazu auf, die Glaubenssätze ins Positive zu verändern, das wäre dann: Mit Geld oder Reichtum kann man Gutes tun.

Auch der zweite Glaubenssatz suggeriert einen ungesunden Umgang mit Geld. Bevor man es ausgibt, muss man sich erst einmal ausrechnen, wie viel denn überhaupt zum Ausgeben da ist. Schließlich will man ja am Ende des Tages keine Schulden haben und mehr ausgeben, als man einnimmt. So bittet Natascha in ihrem Buch ihre Schwester, eine Bestandsaufnahme ihrer finanziellen Situation zu machen und sich bewusst zu werden, wie viel Geld sie ausgeben kann, und vor allem auch zu entscheiden, wofür sie es ausgeben möchte. So soll sie den negativen Glaubenssatz in ein Ziel für sich (und ihre Familie) umformulieren. Und genau das zeigt vorbildlich, wie man sich von diesen negativen Glaubenssätzen lösen kann.

Also nehmt euch die Zeit und überlegt, ob ihr auch einen dieser negativen Glaubenssätze verinnerlicht habt. Ich habe das gemacht. Mein negativer Glaubenssatz war unter anderem: Wenn man von Geld spricht, ist man unsympathisch. Umformuliert in einen positiven Glaubenssatz hört sich das in etwa so an: Über Geld zu sprechen, kann Menschen auf den Gender Pay Gap aufmerksam machen, dazu anregen, sich Gedanken über die eigene finanzielle Zukunft zu machen, und es ermöglicht, super Spartipps auszutauschen. So kann man hilfsbereit sein und Freunden Mut machen, etwas zu verändern.

Jetzt seid ihr dran!

7. ASIENMARKT: VON PEKING INS SILICON VALLEY UND ZURÜCK

Das Silicon Valley ist ein geradezu sagenumwobener Ort. Die klügsten, kreativsten und fleißigsten Menschen versammeln sich dort, um ihre Visionen von einer besseren Zukunft zu verwirklichen, und arbeiten dazu Tag und Nacht auf Hochtouren. So habe ich mir das lange vorgestellt. Doch dieses Bild hat sich bei meinem allerersten Besuch dort verändert, als ich mit ein paar Gründern gesprochen habe. Besonders interessant fand ich die Leute, dich sich dazu entschieden haben, den Ort zu verlassen. Warum wollten sie dies, wenn doch das Silicon Valley mit seinen Start-up-Garagen im internationalen Kontext als Start-p-Mekka gefeiert wird? Schließlich ist das doch der Ort, an dem die Tech-Giganten Apple, Tesla & Co. entstanden sind. Und diese ganze Start-up-Kultur ist fest in unserem Leben verankert – Steve Jobs zum Beispiel gilt vielen jungen Menschen, die die Welt verändern möchten, als Vorbild. Ja, sogar meine Großeltern kennen die Namen Mark Zuckerberg und Steve Jobs.

Managementtechniken werden kopiert und in Universitäten besprochen, Philosophien übernommen und Zitate der Gründer auf schöne Motivationskärtchen und Plakate gedruckt. Dass sich im Valley viel bewegt, steht außer Frage, doch bleibt das auch in Zukunft so? Das scheint wohl nicht so zu sein. Zumindest zeigt das die Fortune-500-Liste. Diese Liste stellt das wohl bekannteste Rating der größten Unternehmen der Welt dar. Auf ihr befinden sich inzwischen 119 Unternehmen aus China. Das ist Platz 2 nach den USA mit 121 Unternehmen und belegt, dass sich China in den letzten Jahrzehnten zu einer bedeutenden Wirtschaftsmacht entwickelt hat.[1] Und viele der chinesischen Unternehmen stecken noch in der Anfangsphase ihrer Entwicklung hin zur Internationalisierung und müssen sich in einem ersten Schritt auf dem heimischen Markt etablieren.[2] So schreibt Wolfgang Hirn, China-Experte und Autor zahlreicher Artikel für das *Manager Magazin*: »Ich bin fest davon überzeugt, dass viele dieser chinesischen Firmen den Weg gehen, den ihre japanischen und südkoreanischen Konkurrenten schon längst beschritten haben. Japanische Firmen kamen in den 1960ern nach Europa, in den 1980er-Jahren kamen dann die koreanischen.«[3] Dabei haben die Konsumenten in Deutschland die neuen Firmen stets kritisch beäugt und die Produkte wurden oftmals als unbedeutend abgetan: »Wir im Westen unterschätzten damals in einer Mischung aus Arroganz und Ignoranz die Firmen aus den beiden asiatischen Newcomer-Staaten.«[4] Da hat er Recht. Heute sind viele japanische und koreanische Firmen Weltspitze. Toyota gilt als eine der produktivsten Autofirmen der Welt, und Samsung ist einer der technologisch führenden Elektronik-Konzerne.

»Dieselbe Fehleinschätzung scheint sich im Westen zu wiederholen, wenn es um chinesische Brands und Firmen geht«, schreibt Wolfgang Hirn weiter. Ist es für viele noch undenkbar, bestimmte Waren aus chinesischer Herstellung zu beziehen – beispielsweise Autos –, ist es für andere Produkte inzwischen beinahe schon die

Regel. Viele greifen beispielsweise auf Huawei-Smartphones zurück, die aus der Volksrepublik stammen. Auch hinter zahlreichen Haushaltsgeräten und Alltagsgegenständen stehen chinesische Firmen, ohne dass dem Verbraucher das immer klar ist. »Ebenso wenig ist den Kunden des Hamburger Bekleidungsfilialisten Tom Tailor, des österreichischen Strumpfhosenherstellers Wolford oder des Tourismusunternehmens ClubMed bewusst, dass hinter diesen Firmen chinesische Besitzer stecken, nämlich der Fosun-Konzern aus Shanghai mit Gründer Guo Guangchang an der Spitze«, zählt Wolfgang Hirn auf.[5]

Zugegeben, als ich den letzten Satz gelesen habe, ist mir schlagartig meine eigene Unkenntnis schmerzlich bewusst geworden. Wie konnte es sein, dass ich diese Marken jeden Tag in der Werbung, auf Instagram & Co. zu sehen bekam, aber mir nie bewusst gemacht hatte, wer dahintersteckt? Ich spürte sofort einen Wissensdurst in mir, der mich nicht nur zu einem Sinologie-Studium verleitete, sondern auch dazu, mich in den kommenden Jahren viel intensiver mit den Managern und Unternehmern aus China auseinanderzusetzen.

»China hat das Silicon Valley längst überholt«, stellt der Autor Paul Mozur in einem Artikel der *New York Times* fest.[6] Während Konzerne wie Facebook noch an der Umsetzung für digitale Zahlungsdienste via App arbeiten, gehört das für chinesische Apps wie Alipay oder WeChat schon zum Alltag. Auch im Bereich Video-Streaming kann der Social-Media-Gigant Facebook nicht mit dem chinesischen Pendant YY.com mithalten. Während dieser seinen Nutzern seit Jahren die Funktion von Live-Videos zur Verfügung stellt, arbeitet Facebook noch an der Umsetzung. In anderen Bereichen zeigt sich dasselbe Bild: Revolutionierte Tinder im Westen das Dating, konnten die Chinesen darüber nur schmunzeln, sie flirteten längst online über die App Momo.

Asienmarkt: von Peking ins Silicon Valley und zurück

Die 500 umsatzstärksten Firmen der Welt und ihre Verteilung auf die verschiedenen Länder – die USA und China liefern sich ein Kopf-an-Kopf-Rennen. Quelle: Fortune, August 2019

Auch Snapchat, WhatsApp und Amazon wurden in puncto wichtiger Neuerungen von den Chinesen überrundet.[7]

Das einst rückständige kommunistische Großreich hat sich inzwischen zur wirtschaftlichen, politischen und militärischen Supermacht entwickelt, und die amerikanischen GründerInnen haben das verstanden und wissen es für sich zu nutzen. Das ist der Grund, warum sich viele junge Gründer zunehmend entscheiden, in China ihr Produkt zu entwickeln – das dürfte auch viel schneller gelingen, als man das in den USA erträumen könnte. Die Produktionszeiten sind in China deutlich kürzer, als es in westlichen Firmen der Fall ist. Brauchen die Unternehmen im Westen mehrere Monate für die Produktentwicklung, schaffen es die Chinesen in wenigen Wochen.[8]

Die ganze Welt hat vor ein paar Jahren vor allem durch den Selfie-Stick-Hype erlebt, wie schnell die Chinesen etwas kopieren und produzieren können. Genau das bestätigte mir damals jedoch mein Bild von China: die ewigen Kopierer. Die, die selbst keine eigenen Ideen haben. Auch in meinem Freundeskreis denken bei China viele immer noch an billige Kopien. Ich höre in den Nachrichten meist nur etwas über dieses Land, wenn es um Menschenrechte geht oder es wieder irgendwelche Neuigkeiten zur geplanten Seidenstraße gibt.

> ### Die Seidenstraße
>
> Mit der »neuen Seidenstraße« läutete die chinesische Regierung ein Projekt der Superlative ein. Beteiligt sind mehr als 100 Länder. Das Ziel: die Schaffung eines neuen Handelsnetzwerkes zwischen den Kontinenten Asien, Afrika und Europa. Es werden neue Zugstrecken, Straßen, Flughäfen und Häfen entstehen, außerdem Kraftwerke und Pipelines. Damit soll Chinas globaler Einfluss steigen. Das Projekt ist jedoch nicht unumstritten: Kritiker befürchten, dass durch die Kreditvergabe Chinas an kleinere Länder diese in eine Schuldenfalle stürzen können. Außerdem fehle es an Transparenz, verbindlichen Regeln und fairen Ausschreibungen für die vielzähligen Infrastrukturprojekte.[9]

Keiner von uns kennt irgendwelche chinesischen Stars, wir können Chinesisch auch nicht lesen. Die Kultur ist uns sehr fremd. Doch spätesten als ich nach China gereist bin, wurde mir klar: Wir müssen uns mit diesem Land beschäftigen. Denn eines ist sicher: Wenn die Start-ups aus dem Silicon Valley nach China ziehen, dann muss es dort ziemlich interessant sein.

»Jeder Tag, den man in der chinesischen Start-up-Szene verbringt, ist eine Feuerprobe, vergleichbar mit einem Tag als Gladiator im Kolosseum. Es ist ein ständiger Kampf um Leben und Tod, bei dem die Gegner keinerlei Skrupel kennen«, beschreibt Kai-Fu Lee den Konkurrenzkampf in China in seinem Buch *AI Superpowers*.[10] Während es im Silicon Valley verpönt sei, die Ideen der Konkurrenten zu nutzen, schreckten chinesische Wettbewerber vor diesen und anderen schmutzigen Tricks nicht zurück. Das führte auf der einen Seite zur Gründung einiger Unternehmen, die als sehr fragwürdig anzusehen sind, auf der anderen Seite brachte es auch gerissene, intelligente und fleißige Unternehmer hervor.[11] Früher wurden im Westen oft Analogien benutzt, um chinesische Unternehmen zu beschreiben, etwa »das chinesische Facebook«, oder »das chinesische Twitter«. Doch nach der Phase des Kopierens hat China inzwischen die Voraussetzungen für eigene Innovationen geschaffen, und das chinesische Internet gehorcht heute bereits völlig eigenen Regeln.

Bei meinen Recherchen habe ich entdeckt, dass viele bekannte chinesische Unternehmer eine Ausbildung in den Staaten genossen haben und nach deren Abschluss nach China zurückgegangen sind. Dank digitaler Kommunikation und billiger Flugverbindungen hört erfolgreiches Wirtschaften heute eben nicht mehr an der Ländergrenze auf.[12]

Heute ist es üblich, dass qualifizierte Migranten Kontakte zwischen ihrem Herkunftsland und der neuen Heimat pflegen. Statt von *brain drain*, dem Abfluss von Talenten in ein fremdes Land, spricht man mittlerweile von *brain circulation*, also davon, dass Talente sich nicht in eine Richtung bewegen, sondern zirkulieren. Ganz besonders gilt das in der IT-Branche.

Die Gründer des Unternehmens Baidu sind dafür ein bekanntes Beispiel. Beide wurden in den USA ausgebildet. Der Suchmaschinenriese forscht mit Beteiligung von Laboren sowohl im Silicon Valley als auch in Peking an zukunftsweisender KI-Technologie.[13]

Zwischen Silicon Valley und China gibt es ganz allgemein immer stärkere Zusammenarbeit. Dennoch: »Mehr als die Hälfte der Doktortitel in den Ingenieur- und Computerwissenschaften, die heute in den USA verliehen werden, geht an ausländische Studierende, und jeder dritte ausländische Studierende kommt aus China«[14], sagt John Lee in *Le Monde diplomatique*.

Ein weiteres bekanntes Beispiel aus einem anderen Fachbereich ist die Molekularbiologin Nieng Yan, die vor Kurzem eine Professur in Princeton antrat, wo sie auch promoviert hat. Sowohl sie als auch ihr Doktorvater waren zeitweise an der Tsinghua-Universität in China beschäftigt. Dort leitete Nieng Yan eine Arbeitsgruppe, die als erste ein Membrantransportsystem entschlüsselt hat. Mitarbeiter an chinesischen Forschungseinrichtungen, die an US-amerikanischen Universitäten gewesen sind, sind heute keine Seltenheit mehr. Nach dem Studium im Ausland nach China zurückzukehren, gehört für viele Chinesen dabei zum Regelfall. Das liegt zum einen daran, dass die Jobperspektiven in China besser werden und zugleich auch daran, daran, dass die Chancen auf den ausländischen Arbeitsmärkten sich verschlechtern. Die Arbeitslosenzahlen stiegen in den letzten Jahren in den USA und anderen westlichen Ländern, die Einwanderungspolitik wird strenger und inzwischen nimmt auch die Angst davor zu,[15] dass chinesische Angestellte sich als »Maulwürfe« entpuppen könnten.

Da jeder fünfte Mensch in China lebt, liegt es eigentlich nahe, dass Chinesen die Welt stark prägen. In den letzten 200 Jahren war das aber nicht der Fall. Daher stellt sich die Frage, wie der Wandel jetzt gestaltet wird und was er für Länder wie Deutschland bedeutet. Werden sich die Konflikte um Ressourcen und Einflusssphären verschärfen? Wie reagieren dann die kriselnden westlichen Demokratien, die in ihrer internationalen Politik schließlich auch stets auf ihren eigenen Vorteil bedacht waren? Welche Hoffnungen und Ängste löst der Aufstieg der kapitalistischen Volksrepublik aus? Findet bereits ein Verdrängungswettbewerb statt, mit Siegern und Verlierern? In welchen Bereichen kann die Welt von China lernen? Wer sind die Gesichter hinter den Unternehmen und wie haben sie die größten Firmen im Land zum Erfolg geführt? Das sind Fragen, die uns in den nächsten Jahren sicher noch stärker beschäftigen werden.

Moneymaker: Jack Ma – Alibaba

Jack Mas kantiges Gesicht ist wirklich unverkennbar. In den Medien wird er oft als chinesischer Jeff Bezos vorgestellt – doch wird er dem gerecht? 2017 wurde er vom *Fortune Magazine* zu einer der wichtigsten Führungspersönlichkeiten gewählt, sogar vor Papst Franziskus. Er ist ein Symbol der chinesischen Businesswelt.[16]

Jack Mas Ehrgeiz hat sich ausgezahlt, er hat allen sein unternehmerisches Geschick bewiesen. Und dank Ma wissen wir: Man muss nicht Wirtschaft studieren, um ein erfolgreicher Businessmann zu sein. Mittlerweile darf er sich reichster Mann Asiens nennen. Doch wie begann seine Reise in die Businesswelt? Ursprünglich war Ma nämlich Englischlehrer, er ist sogar zweimal durch die Zugangsprüfung zur Universität gefallen.[17] 1995 kam er als Übersetzer in die USA. Dort lernte er die neue Internettechnologie kennen und erkannte sofort, welches riesige Potenzial in dieser Neuerung steckte. In China gab es auch vier Jahre später, 1999, erst rund 3 Millionen Internet-User. Trotzdem lieh sich Ma in diesem Jahr 60 000 US-Dollar und gründete damit Alibaba.[18] Alibaba.com war zunächst eine Kopie von Amazon. 2003, als eBay ankündigte, auf den chinesischen Markt vordringen zu wollen, kam die Einkaufsplattform Taobao dazu. Damit schaffte es Ma tatsächlich, eBay vom Markt zu drängen. Ma baute sein Imperium immer weiter aus – mit den Marktplätzen Aliexpress und Tmall, mit dem Bezahldienst Alipay und eigenen Lösungen für Onlinekommunikation, Cloud-Computing und Logistik. 2014 wagte er den größten Börsengang aller Zeiten. Heute wird der Wert von Alibaba auf rund 237 Millionen US-Dollar geschätzt und es hat rund 31 Millionen Angestellte.[19] Mas verschiedene Online-Plattformen machen zurzeit rund 80 Prozent des E-Commerce-Markts in China aus. Amazons Marktanteil beträgt dort dagegen nicht einmal 1 Prozent.[20]

> Am 10. Mai feiert man den *Ali day*. Das ist der Gründungstag von Taobao. Und die Mitarbeiter werden Ali*ren* genannt (*ren* heißt im Chinesischen Mensch).

Ma ist im Ausland auch bekannt für seine tollen Sprüche, die fast konfuzianische Schlichtheit und Weisheit ausstrahlen. Hier zwei Kostproben:

»Schulen lehren Wissen, das Gründen eines Unternehmens hingegen erfordert Weisheit.«[21]

»Heutzutage wollen chinesische Unternehmen vom Silicon Valley den way of doing business lernen, ich nicht. Ich mag dagegen den Seattle way. Der Silicon Valley way ist ›to build to sale‹, während der Seattle way ist ›to build to last‹.[22]

Jack Mas nächste große Vision ist die *electronic world trade platform* (eWTB). Bis 2036 will er damit »zwei Milliarden Kunden erreichen und Billionen von Dollar umsetzen. Dann wäre Alibaba die fünftgrößte Wirtschaftsnation hinter den USA, China, Japan und der EU«, weiß Wolfgang Hirn.²³

Du willst mitmischen und glaubst an Jack Mas Ideen und Ziele? Nun, du bist nicht allein. Wie man im *Handelsblatt* nachlesen kann, investieren ausländische Anleger Milliarden in chinesische Aktien. Doch nicht nur einzelne Aktien sind hier interessant. Wer an China glaubt, der wird in Aktienindizes investieren wollen. Darin werden Aktien verschiedener Unternehmen nach bestimmten Kriterien gebündelt. Somit können aufgrund des Indexstandes die Trends am Gesamtmarkt einfacher wahrgenommen werden. Daher werden Aktienindizes auch oft als Barometer für die Marktstimmung angesehen. Der chinesische Markt verfügt über diverse solcher Aktienindizes. Zu den beliebtesten zählen der Hang Seng China Enterprise Index, Hang Seng Index und CSI300 Index.

Bevor du aber zum Geldbeutel greifst, lohnt es sich, noch zwei weitere große chinesische Unternehmen anzuschauen. Klar ist Jack Ma der wohl berühmteste lebende Chinese neben dem Staatspräsidenten, aber viele Journalisten bezeichnen ihn auch als Teil einer Gang, nämlich der sogenannten BAT-Gang. Das A steht für Alibaba, das B für die Suchmaschine Baidu und das T für den Spieleproduzenten sowie Messenger-Anbieter Tencent. In Deutschland kennen die meisten Mark Zuckerberg (Facebook), Jeff Bezos (Amazon) oder Larry Page (Google), aber nicht die mindestens genauso genialen chinesischen Gründer Jack Ma, Pony Ma oder Robin Li.

Keine Gesellschaft dieser Welt ist so internetaffin wie die chinesische. Nirgendwo auf dem Planeten gibt es so viele Menschen, die täglich mit ihrem Handy einkaufen, bezahlen oder chatten.

Weil so viele Menschen im Netz unterwegs sind, hat sich dort eine gigantische Online-Industrie entwickelt. Es gibt weit über 100 Millionen Beschäftigte, die direkt oder indirekt im chinesischen Internet-Business ihr Geld verdienen. Und die BAT-Gang ist in all seinen Bereichen Marktführer. Tencent hat die 500-Milliarden-Dollar Grenze bei der Marktkapitalisierung überschritten, Alibaba ist knapp darunter. Beide rücken damit in die Nähe der US-Giganten Amazon und Facebook. Der große Unterschied ist allerdings: Sie machen viel mehr Gewinn. Doch die Unternehmen sind nicht nur eine reine Kopie der amerikanischen US-Giganten, sie haben ihre Meister bereits überholt. Sehen wir uns noch einen zweiten aus der BAT-Gang an.

Moneymaker: Pony Ma – Tencent

Sicherlich hast du schon einmal von dem Spiel »League of Legends« gehört? Ich habe mich neben vielen Millionen anderer Menschen auch damit auseinandergesetzt und mich darin versucht. Ein paar meiner Freunde waren bereits so gut, dass sie an Wettkämpfen teilnehmen konnten und ein richtiges Experten-Level erreicht haben. Doch ich möchte jetzt eigentlich nicht auf das Spiel eingehen, sondern über die Menschen und das Unternehmen hinter diesem Spiel reden.

Riot Games ist ein amerikanisches Computerspiel-Entwicklungsunternehmen mit Sitz in West Los Angeles. Das Unternehmen entwickelte die Multiplayer Online Battle Arena (MOBA) »League of Legends«, die in Europa und Nordamerika 2009 veröffentlicht wurde. Es ist eine Free-to-play-MOBA, welche durch Mikrozahlungen unterstützt wird. Das Spiel wurde 2016 von etwa 100 Millionen Spielern monatlich gespielt! Tencent hat bereits früh das Potenzial von Riot Games entdeckt und dementsprechend investiert, 2011 erwarb Tencent 93 Prozent des Unternehmens und 2015 wurde Riot Games eine 100-prozentige Tochterfirma.[24]

Der China-Experte Wolfgang Hirn stellt fest: »Heute ist Tencent der weltgrößte Spieleanbieter, macht damit über 10 Milliarden Dollar Umsatz (2016) und verdient viel Geld. ›Honour of Kings‹ ist das erfolgreichste Handyspiel der Welt, obwohl es fast nur in China gespielt wird. Dort hat es 200 Millionen registrierte Nutzer, jeden Tag spielen es 80 Millionen Menschen.«[25]

Doch Tencent entwickelt nicht nur Spiele. Wenn es um soziale Netzwerke, Onlineportale, E-Commerce, also ganz allgemein um Kommunikation im Netz geht, dann gehört Tencent in China zu den ganz Großen. Die paar Leute, denen das Unternehmen bereits früh bekannt war und die in entsprechende Aktien investiert haben, dürften heute wohl reich sein. Doch wer oder was ist Tencent genau? Und wer steckt dahinter?

Der innerchinesische Rivale von Jack Ma heißt auch Ma, und mit westlichem Vornamen Pony. Das ist witzig, wenn man bedenkt, dass 马 Mǎ auf Chinesisch Pferd bedeutet. Sein voller chinesischer Name ist Ma Huateng 马化腾. Ein kleiner Hinweis an dieser Stelle. Trotz ähnlichem Namen sind die zwei nicht miteinander verwandt!

Schaut man sich Interviews und Bilder von Pony Ma an, so fällt auf, dass er fast immer einen dezenten grauen Businessanzug trägt und sich nicht so verrückt in der Öffentlichkeit gibt wie Jack Ma. Generell sieht man ihn nicht sehr oft. Der Präsident der Tencent Holding ist dennoch ein mächtiger Boss in China, sogar in der gesamten Internetbranche weltweit, dem man seine Aufmerksamkeit schenken sollte.

Pony Ma studierte an der Shenzhen University Computerwissenschaften. 1998 gründete er mit 26 Jahren zusammen mit drei Kommilitonen Tencent, allerdings war das Unternehmen nicht gerade für Innovation bekannt. Laut *Economist* kopierte es im allerersten Schritt erst einmal den sehr bekannten Messaging-Dienst ICQ und passte die App an den chinesischen Markt an.[26] Anders als Jack Ma hatte Pony Ma damals noch nicht so viel Erfahrung im Ausland sammeln können, weshalb sein Englisch nicht sehr gut war. Generell wird er in vielen Artikeln auch eher als schüchtern beschrieben. Doch das hielt ihn nicht davon ab, erfolgreich zu sein. In den folgenden Jahren erwarb er sich durch viele weitere Kopien von anderen erfolgreichen Businessmodellen das Image einer copy cat.[27] Sogar chinesische Firmen hatten Angst, sofort von Tencent kopiert zu werden, sobald sie etwas Cooles machten. Dies wirkte sich nicht gut auf die Resonanz in der internationalen Presse aus.

2011 entschied Pony Ma sich dann dazu, Tencent radikal zu verändern, und lud viele Experten ein, um sich beraten zu lassen. Ziel war es vor allem, dieses schlechte Image aus der Welt zu schaffen. Schnell merkte Pony Ma jedoch, dass eine verbesserte Medienpräsenz allein dafür nicht ausreichen würde. Er musste sein Businessmodell überdenken. Und diese Gedanken setzte er schließlich in Taten um. Noch im selben Jahr wurde Tencents beliebtestes Programm gestartet: WeChat. Ein Jahr später hatte die App bereits über 100 Millionen User. Tencent hatte auch gelernt, loszulassen, was nicht mehr funktionierte. So konzentrierte sich das Unternehmen auf seine Stärken und verkaufte 2013 seine Suchmaschine an den Rivalen Sogou Inc und 2014 ein weiteres E-Commerce-Projekt an JD.com. Fortan wollte Tencent in beide neuen Besitzer investieren und Unternehmensanteile an ihnen besitzen. Laut einem Bericht des Kommunikationsdienstes WeChat[28] hat er mittlerweile die 1-Milliarde-User-Marke überschritten. Viele von ihnen verbringen dabei mehr als vier Stunden am Tag damit! Gibt es auf deinem Handy eine App, die du so oft verwendest wie Chinesen WeChat? WeChat ist für Chinesen unerlässlich geworden. Sie können mithilfe dieser App nämlich mit ihren Freunden chatten, Leuten Geld zusenden, Unternehmen kontaktieren und sogar das Taxi bestellen – und nicht nur das.

Tencent bringt selbst auch Spiele heraus, die sehr erfolgreich bei den Chinesen und im Ausland ankommen und hat viele Beteiligungen in anderen Firmen, was das Unternehmen international gesehen immer konkurrenzfähiger macht. Es hat Beteiligungen an den Spieleherstellern Activision (»Call of Duty«, »World of Warcraft«), Epic Games und Riot Games[29] – Spielehersteller, die mir zumindest alle bekannt waren, und das, obwohl ich keine wirkliche Gamerin bin.

Ich glaube, dass dieser kurze Einblick in die Geschichte Tencents deutlich zeigt, dass die chinesischen Unternehmer sich bewusst immer mehr in den internationalen Markt trauen und dass diese Expansion einfach zu ihrer Wachstumsstrategie gehört. Das sind höchstwahrscheinlich Chinas »too big to fail«-Unternehmen, die es zu beobachten gilt. Auf jeden Fall stehen sie auf meiner Watchlist, denn das Rennen zwischen Alibaba und Tencent ist aufregender als jeder Actionfilm!

8. SILICON VALLEY: DIGITALISIERUNG, TRENDS UND UMBRÜCHE

Technology Focus: künstliche Intelligenz

Jeder kennt die tollen Zukunftsvisionen in den Science-Fiction-Romanen. Mal sieht man fliegende Autos, mal menschliche Roboter, die man bekämpfen muss, weil sie zu intelligent geworden sind und die Menschheit auslöschen wollen. Dies war zum Beispiel im Film iRobot (2004) mit Will Smith der Fall oder auch im Film Ex Machina (2015). Doch ist diese Angst berechtigt? Wie weit sind wir denn überhaupt auf dem Gebiet künstliche Intelligenz (KI) und auf was dürfen wir in den nächsten Jahren hoffen?

Diese Fragen wollen wir uns im Folgenden stellen. Vielleicht ist es sinnvoll, erst einmal zu klären, was künstliche Intelligenz genau ist, und gleichzeitig deutlich zu machen, was sie eben nicht ist und niemals sein wird.

»*Künstliche Intelligenz macht uns zu Supermenschen*«

Sebastian Thrun

Was ist künstliche Intelligenz und wie wird sie eingesetzt?

Steckbrief

Sebastian Thrun ist das deutsch-amerikanische Pendant zum chinesisch-amerikanischen KI-Forscher Andrew Ng. Er ist ein Superstar im Silicon Valley, einer der berühmtesten Deutschen im Tech-Mekka der US-Westküste: Nach einem Lehrauftrag an der Eliteuniversität Stanford, bei dem er 2003 das Artificial Intelligence Lab aufgebaut hat, machte sich Thrun einen Namen, als er 2005 mit seinem Team die Grand Challenge der DARPA (US-Militärforschungsbehörde) gewann. Sie schafften es, mit ihrem vollständig computergesteuerten Fahrzeug die gesamte Teststrecke zu absolvieren. Das war bis dato noch keinem Team gelungen.

Larry Page beauftragte ihn dann 2007 damit, Google X aufzubauen, jene Abteilung, in der auch Google Glass und die Street-View-Fahrzeuge entstanden sind.[1]

Um zu klären, was wir heute unter künstlicher Intelligenz verstehen, möchte ich zunächst einmal die Definition der Softwarefirma SAP anführen: »Künstliche Intelligenz ist der Überbegriff für Anwendungen, bei denen Maschinen menschenähnliche Intelligenzleistungen erbringen. Darunter fallen das maschinelle Lernen oder Machine Learning, das Verarbeiten natürlicher Sprache (NLP – Natural Language Processing) und Deep Learning. Die Grundidee besteht darin, durch Maschinen eine Annäherung an wichtige Funktionen des menschlichen Gehirns zu schaffen – Lernen, Urteilen und Problemlösen.«²

Dazu müssen KI-Forscher immer öfter mit Wissenschaftlern der Neurologie und Psychologie zusammenarbeiten.

Aber nur mal zum Mitschreiben: Noch sind wir sehr weit davon entfernt, einen Computer dazu zu bringen, so zu denken wie wir bzw. so »intelligent« zu handeln und zu entscheiden wie wir. Allein die Durchführung einfacher Befehle ist für die Algorithmen teilweise hochkomplex, weil dies eine erfolgreiche Zusammenarbeit verschiedenster Technologien erfordert. So stellt zum Beispiel die Sprachverarbeitung eine große Herausforderung dar, da hier Psychologie, Neurologie, Philosophie und Sprachwissenschaft aufeinandertreffen.³ Keine Maschine hat es bisher geschafft, eine Konversation auf längere Zeit so authentisch bzw. menschenähnlich weiterzuführen, dass es nicht auffällt. Schon die Unterscheidungen zwischen Hund und Cookie oder Hund und Wischmop gelingen nicht immer. Du kannst gerne mal schauen, wie gut du es schaffst, Unterschiede herauszuarbeiten, mit denen die KI heute noch Probleme hat. Vielleicht fällt dir ja eine Lösung ein, die es dem Algorithmus einfach macht, diese Dinge auseinanderzuhalten.

Doch wo wird künstliche Intelligenz heute schon verwendet? KI ist vielseitig einsetzbar und ein großer Hoffnungsträger für viele Branchen. Bisher bekannt sind Beispiele aus der Autoindustrie, wo Autos eigenständig mithilfe von Bilderkennung durch einen Stau steuern können, oder aus dem Maschinenbau, wo die KI dabei hilft, den richtigen Zeitpunkt für eine Wartung vorherzusagen.⁴ Für den geschäftlichen Erfolg also maßgeblich. Der renommierte Forscher Andrew Ng spricht in dem Zusammenhang gar von der »Elektrizität des 21. Jahrhunderts«, die nach und nach alle Branchen revolutionieren wird. Hier ein kurzer Überblick über mögliche Einsätze der KI laut der Wirtschaftsprüfungsgesellschaft Deloitte.

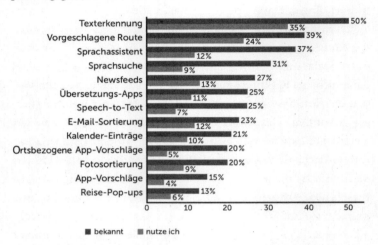

Künstliche Intelligenz und Machine Learning als Trends: Wie bekannt sind die verschiedenen Erscheinungsformen und wie häufig werden sie genutzt?[5]
Quelle: Deloitte

Noch wissen wir nicht so recht mit dieser neuen Technologie umzugehen. Wir müssen uns auch den schwierigsten Fragen erst stellen. Sollte es beispielsweise Leitprinzipien geben, die die EntwicklerInnen von KI-Systemen berücksichtigen sollten? Wenn ja, welche Daten wären sinnvoll? Müsste man die KI mit Literatur, Nachrichten, Kommentaren, Leitartikeln und Texten aus glaubwürdigen Nachrichtenquellen füttern? Also sogenanntes Crowdsourcing betreiben und sich an dem bisher gesammelten Wissen der Menschheit orientieren?

Wie wollen wir sichergehen, dass wirklich alle Stimmen gehört werden – durch Kriege, Zensur und dergleichen sind schließlich auch viele Dinge verloren gegangen, die die KI unmöglich einsehen kann. Es wäre eine schlechte Momentaufnahme dessen, was wir heute als Menschheitsgeschichte betrachten, und in meinen Augen keine optimale Quelle, die Summe der menschlichen Emotionen und Gedanken bis dato festzuhalten. Orientieren wir uns am politischen System wie Demokratie, Kommunismus, Sozialismus, Kolonialismus, so stellen wir fest, das auch diese nicht als Regelwerk für KI-Systeme übertragen werden sollten, da diese Systeme stets von einigen wenigen Menschen festgelegt wurden. Das alles sind Konstrukte, die wir im Laufe der Geschichte entwickelt haben, um unsere Entscheidungen daran auszurichten, doch es werden stets technische, gesellschaftliche und wirtschaftliche Kräfte einwirken und uns zu Anpassungen veranlassen. Anpassung ist eine gute Sache – sie bringt uns und unsere Gesellschaften dazu, uns ständig zu hinterfragen, zu wachsen und auf dem »richtigen« Kurs zu bleiben – wie auch immer wir richtig zu dem Zeitpunkt definieren.

In meinen Augen ist es unmöglich, final und einmalig festzulegen, welchen Geboten ein KI-System folgen sollte. Wir könnten schlichtweg nicht alle Regeln aufschreiben, um uns so zu optimieren, wie es für die Menschheit richtig wäre. Ausnahmen lassen sich nicht so leicht simulieren und man kann auch nicht im Vorhinein an jeden noch so kleinen Fall denken. Vielleicht sollten wir uns gerade deshalb weniger mit dem Code, sondern mit den Menschen, die den Code schreiben, befassen.

Amy Webb hat in ihrem Buch *Die Großen Neun*[6] verschiedene Fragen aufgeworfen, die sich die Tech-Giganten bei der Weiterentwicklung von KI ihrer Meinung nach stellen sollten:

- Was sind unsere Motive für KI? Decken sie sich mit den langfristigen Interessen der Menschheit?

- Wie verhält es sich mit unseren Vorurteilen? Welche Ideen, Erfahrungen und Werte haben wir nicht in unseren Stamm aufgenommen? Wen haben wir übersehen?
- Haben wir Menschen berücksichtigt, die anders sind als wir – oder dient Diversität nur der Einhaltung bestimmter Quoten?
- Wie können wir überhaupt sicherstellen, dass wir uns inklusiv verhalten?
- Welche Grundrechte sollten wir für die Befragung der Datensätze, Algorithmen und Prozesse haben, die eingesetzt werden, um für uns zu entscheiden?
- Wer definiert den Wert menschlichen Lebens? Woran misst er sich?
- Wann und warum halten es die KI-Stämme für ihre Aufgabe, sich mit den gesellschaftlichen Folgen der KI auseinanderzusetzen?
- Sollten wir KI weiterhin mit menschlichem Denken vergleichen oder besser als etwas ganz anderes kategorisieren?
- Ist es gut, KI zu entwickeln, die menschliche Emotionen erkennt und darauf reagiert?

Viele Fragen wie diese tummeln sich auch in meinem Kopf, wenn ich von den neuesten Entdeckungen rund um KI lese. Bei Microsoft gibt es das sogenannte FATE-Team – für Fairness, Verantwortung, Transparenz und Ethik in der KI. Auch Facebook (allerdings erst nach dem Skandal mit Cambridge Analytica) hat ein Ethikteam eingerichtet, das Software entwickelt hat, um in seinen KI-Systemen Verzerrungen zu vermeiden. DeepMind schuf ein Team für Ethik und Gesellschaft, IBM gibt regelmäßig Veröffentlichungen über Ethik und KI heraus. Der CEO von Baidus, Robin Li, versprach, künftig verstärkten Wert auf Ethik zu legen.

Die großen Tech-Giganten sind also durchaus aktiv dabei, diese Fragen zu beantworten. Sie erstellen Ethik-Studien und White Papers, versammeln Experten, um ethische Probleme zu diskutieren, und veranstalten Podiumsdiskussionen zu diesen Themen – doch fließen all diese Bemühungen wirklich in den Alltag eines Programmierers/einer Programmiererin ein, der oder die gerade am KI-System bastelt?

Moneymaker: Damian Polok

Ich habe Damian bei einer Konferenz in Bratislava kennengelernt. Während ich auf eine Freundin gewartet habe, hat er sich ganz entspannt neben mich auf eine Bank fallen lassen. Damian machte einen sehr professionellen Eindruck. In seinem modernen Anzug und mit den kurz geschnittenen blonden Haaren fiel er nicht weiter auf in der Masse, doch wie besonders sein Lebensweg ist, merkte ich schnell, als wir unser Gespräch führten.

»Endlich kommen wir auch mal zum Reden. Ich habe dich die letzten Tage schon auf der Konferenz gesehen und war immer mit anderen beschäftigt. Ich bin übrigens Damian, wie heißt du?« Er streckte mir die Hand entgegen. »Oh, hallo, ich bin Aya«, erwiderte ich überrascht. Dass er mich anspricht, hätte ich nicht erwartet, da ich abwesend gewirkt haben muss mit meinem Handy. Doch das hat ihn offenbar nicht gestört. Ich legte mein Handy weg und beschloss, mich auf das Gespräch einzulassen. Zunächst wollte ich wissen, was ihn hierher führte.

»Ich bin Tech-Banker bei der Silicon Valley Bank«, sagte er stolz. Während er mir von seinem Werdegang erzählte, googelte ich nebenbei seinen Arbeitgeber. Die Bank selbst hat ihren Hauptsitz im Silicon Valley und finanziert seit mehr als 35 Jahren Technologieunternehmen. In Deutschland bietet sie vor allem Start-up-Kredite und ein großes, weltweites Netzwerk an Investoren, Partnern und Experten an.

»Ich bin erst seit April 2018 Vice President, aber ich liebe meinen Job! Niemals hätte ich gedacht, dass ich einmal da landen würde.«

Schnell wurde mir klar, wieso er das dachte. Damian kam im Alter von drei Jahren von Polen nach Deutschland und verbrachte seine Kindheit in Berlin-Kreuzberg.

»Das ist anders als das Kreuzberg, das man heute kennt. In meiner Grundschule gab es in der ersten Klasse keinen einzigen Deutschen. Auch im Fußballverein waren Deutsche in der Minderheit. In meinem Team waren sogar nur Migranten. Hat positive und negative Seiten. Positiv zum einen, weil ich sehr früh verstanden habe, dass es viele unterschiedliche Wege gibt, wie man an Themen herangeht – das hat bei mir eine kulturelle Offenheit erzeugt. Aber natürlich auch negativ: Mein Umfeld war sehr unterprivilegiert. Ich werde niemals vergessen, wie ich dann aufs Gymnasium gegangen bin und es in den Augen vieler meiner Mitschüler und Freunde geschafft hatte. Und mit ›geschafft‹ meine ich, dass sie diesen Schritt Richtung Gymnasium als das höchste ihrer Ziele ansahen, das hat mich damals extrem beeindruckt. Ich dachte mir nämlich, wenn du im Alter von 15 oder 16 Jahren das als dein oberstes Ziel ansiehst, wie eingeschränkt muss dann dein Horizont sein?«

Dass jemand aus seinem Umfeld einmal Tech-Banker werden würde, das hätte wohl niemand gedacht. Damian erklärte mir, wie er genau zu seinem Job gekommen war. Zunächst hatte er International Business in Cambridge, Berlin und Warschau studiert. Parallel zu seinem Studienbeginn war er 2009 als Trainee bei der Commerzbank eingestiegen, war nach einigen Jahren zur polnischen Privatbank mBank gewechselt und hatte 2014 für ein Jahr International Management im Programm der Global Alliance of Management Education (CEMS) in Warschau und Hongkong studiert. Eine Anstellung bei der Bank of China in Frankfurt folgte, 2018 ging er dann zur Silicon Valley Bank. Außerdem unterrichtet er seit Oktober 2017 International Financial Management an der International School of Management in Frankfurt. Meine Kinnlade fiel herunter, als ich das alles hörte. Wie konnte dieser Mann nur so produktiv sein?

»Na ja, ich hasse es, Zeit zu verschwenden, und höre zum Beispiel auch viele Podcasts beim Sport oder auf Reisen. Aber in allererster Linie lerne ich von Menschen. Ich ziehe sehr viel Inspiration aus dem Wissen, den Erfahrungen anderer. Interviews, Gespräche & Co., das ist meine erste Wissensquelle. Daher kriege ich die meiste Information.«

Ich überlegte, ob er dann vielleicht durch bestimmte Vorbilder aus seinem Umfeld auf die Branche gestoßen war, wenn er sich von den Geschichten anderer so sehr inspirieren ließ. Also frage ich ihn danach, wie er herausgefunden hatte, dass Banking das Richtige für ihn war.

»Jeder kann das werden, was er will, solange er sich, seinen Wert und dem, was er werden will, treu bleibt. Die Frage ›Wo will ich hin‹ ist enorm wichtig. Ich glaube, Werte, die dir deine Familie mitgibt und auf denen du aufbauen kannst, sind immer ein guter Kompass. Das kannst du auch im Bereich von Banking sehen. Als Tech-Banker bist du ständig darauf konzentriert, deinen Kunden und Mitarbeitern möglichst viel Mehrwert zu bieten. Dadurch konzentrierst du dich nicht nur auf Finanzierungen, sondern als Partner auch auf das Netzwerk, das Ökosystem, das man selbst bedient, und versuchst, sie miteinander zu verbinden. Wir möchten durch unsere Arbeit Leuten dabei zu helfen, Erfolg zu haben bzw. ihre Chancen auf Erfolg zu erhöhen, und das tun wir dadurch, dass wir finanzieren, aber auch mit anderen Mitteln unterstützen. Über Finanzierungen sprechen, das ist eigentlich das, was viele Leute von Tech-Bankern erwarten, denn normalerweise kriegen Start-ups kein Geld von Banken. Sie sind ja oftmals noch defizitär«, sagte er und erkannte sofort meinen fragenden Blick. »Defizitär bedeutet, sie verbrennen mehr Geld, als sie verdienen. Das machen sie, damit sie ihre Firmenbewertung aufbauen und dadurch schaffen sie dann Werte. Dann sind auch Finanzinvestoren bereit, in diese Unternehmen zu investieren«, erklärte Damian.

»Aber Moment, vergeben Banken nicht auch Kredite?«, entgegnete ich leicht verwirrt.

»Klassische Banken fühlen sich normalerweise mit diesem Geschäftsmodell, mit diesem Modus nicht gut. Zusätzlich noch mit diesen höchst innovativen Geschäftsmodellen, die sich tagtäglich verändern können. Für uns passt das, weil wir das seit 35 Jahren machen und uns einzig und allein auf Technologieunternehmen – von Start-ups bis zu großen Unternehmen – konzentrieren«, meinte er und richtete sich in seinem Sitz auf. Ich hielt kurz Ausschau nach meiner Freundin und fragte mich, wo sie wohl blieb, doch keine Spur von ihr. Also beschloss ich, noch mehr in die Tiefe zu gehen. Schließlich hatte ich noch ein wenig Zeit.

»Wie bewertet ihr denn genau Unternehmen? Werden da Noten vergeben, Tests geschrieben?«, fragte ich naiv und merkte an seiner Reaktion, dass ich wirklich weit entfernt von seiner Welt war. Er entgegnete lachend: »Na ja, Test werden nicht geschrieben, aber wir fragen schon viele Dinge ab. Um es wirklich einfach zu machen, musst du dir das so vorstellen, wie du auch alles andere um dich herum bewertest. Stell dir vor, jemand kommt zu dir und sagt: ›Hey ich hab 'ne coole Idee, ich hab Bock das zu machen und bitte dich um 500 oder 1000 Euro, um diese Idee zu realisieren. Wie gehst du da heran? Als Erstes überlegst du: Kenne ich diese Person? Erweckt sie Vertrauen? Traue ich ihr zu, dass sie dieses Projekt wirklich umsetzen und mir mein Geld zurückgeben kann oder – wie in unserem Fall – mein Geld sogar vervielfachen kann? Du schaust natürlich auch das Projekt an. Hat die Person Erfahrung in dem Bereich bzw. Zugang zu den Leuten, die Erfahrung haben und sie mit ihr/ihm teilen können? Also mega viele Punkte, die einfließen können, aber du probierst halt die Story zu bauen, sodass du die Person besser verstehen kannst. So gehen wir beim Management vor.

Normalerweise ist es bei uns so, dass nicht nur eine Person vor uns steht, sondern schon ein ausgebautes Team, ein Gründerkreis, der sich weiter vergrößert und Zugang zu einem Netzwerk und Talenten hat. In unserer Industrie ist Talent das A und O. Wenn du da keinen Zugang oder Track-Record hast, also eine individuelle Referenzliste über Erfolge von Investitionen, um wirklich coole, interessante und erfahrene Leute anzuziehen, ist das ganze Unternehmen sehr schwierig zu skalieren. Dann schauen wir uns aber auch ganz klar die Investoren an. Was ist ihr Track-Record? Wie viel Geld haben sie zur Verfügung? In welchen Bereichen sind sie aktiv, und kennen sie sich aus? Wie können sie das Projekt weiter unterstützen.? Wer sind ihre Kapitalgeber? Sodass man sich als Unternehmen, wenn man in diesem Early-Stage-Bereich tief mit Cash drin ist, überlegt: Wie investiert ist die Unternehmung und wie kann man gewährleisten, dass die Firma weiterhin Zugang zu Kapital hat?

Also wichtig ist erstens das Management. Zweitens: die Investoren. Drittens: die Idee. Wie ist der Markt? Wer sind die Wettbewerber? Wer hat so etwas bereits versucht? Wer und warum ist jemand gescheitert? Wir prüfen auch genau, wo die Gründer gescheitert sind und ob sie daraus etwas gelernt haben. Das möchten wir dann auch sehen und befragen dazu unsere Kollegen. Was haben die im Silicon Valley schon gesehen oder in London oder Israel. Auf all den Datenpunkten basiert dann unsere Bewertung. Wir bewerten in unserem Fall auch die Kreditfähigkeit der Unternehmung, der wir dann Fremdkapital geben würden«, erklärte er mir in einfachen Worten.

Ein Gedanke schoss mir auf einmal durch den Kopf: »Warum lerne ich nicht genau das in der Uni? Immer geht es nur ums große Ganze. Dabei sind die Details doch wirklich interessant.« Ich teilte ihm meinen Frust mit und erzählte von meiner sehr theorielastigen Studienerfahrung.

»Aber Aya, makroökonomische Zusammenhänge zu erkennen, das ist das A und O! Banken sind dafür da, Unternehmen zu finanzieren und ihnen die richtige Lösung zu geben, damit die Person oder das Unternehmen Erfolg haben kann. Diese Herausforderung bei jeder Firma zu verstehen, ist extrem wichtig. Als Beispiel: Wenn China Einfuhrzölle oder Steuern erhöht, ist es schwieriger für deutsche Unternehmen, dort Produkte zu verkaufen. Haben wir einen Kunden, der in einem Markt aktiv ist, der sich von heute auf morgen verändern kann wie China eben, dann kann so eine Erhöhung natürlich einen bedeutenden Einfluss darauf haben, wie erfolgreich so eine Firma weiterhin sein kann. Das müssen wir verstehen und da die Brücken bauen, um richtig zu reagieren. Dementsprechend: Pass bitte weiterhin in den Kursen auf! Du wirst das Wissen später nicht nur als Tech-Banker nutzen können«, machte er mir Hoffnung. Trotzdem fragte ich ihn, was ich neben einem makroökonomischen Verständnis noch als Future-Tech-Banker an Talenten mitbringen muss.

»Erstens: Als Banker musst du wissen, wie man Risiken erkennt und Strukturen baut, um diese Risiken zu minimieren –

das machen wir mit unseren Finanzierungsstrukturen. Zweitens: Du brauchst ein sehr fundiertes Verständnis von dem, wie Finanzinvestoren in diesem Bereich investieren und auch wie die gesamte Dynamik dieser Branche funktioniert. Drittens: Du musst extrem offen sein für Neues. Die Industrie verändert sich tagtäglich und du musst im Stande sein, dich anzupassen und Tag für Tag etwas Neues zu lernen und an dir selbst zu arbeiten. Viertens: Wenn du mit den interessantesten, spannendsten Leuten der Welt abhängst und arbeitest und sie sich tagtäglich so schnell bewegen, dann musst du das auch machen. Das heißt konkret, dass du auch oftmals am Wochenende Calls hast, weil du deinen Partner unterstützen möchtest, so gut du kannst. Diese Flexibilität musst du mitbringen, um als Tech-Banker Erfolg zu haben! Aber ganz ehrlich. Mir macht die Arbeit so viel Spaß, dass ich das gerne tue. Wir arbeiten eigentlich nur mit Visionären zusammen! Menschen, die oftmals die Welt im größeren oder kleineren Stil verändern möchten. Es ist unser täglicher Job, damit umzugehen und das realistisch einzuschätzen. Und auch da mit Fremdkapital bestehen zu können. Ich liebe größenwahnsinnige Menschen, wenn das Visionen sind, nicht Arroganz!«, lachte er.

»Aber ich höre auch raus, dass du durch deine Arbeit bei der Silicon Valley Bank selbst etwas mitverändern möchtest«, stellte ich fest.

»Natürlich beschäftigt mich das in der Arbeit, aber auch außerhalb der Arbeit probiere ich, den Horizont von Jugendlichen zu erweitern. Beispielsweise bin ich aktiv bei den global Shapers, einer Initiative des World-Economic-Forums. Wir konzentrieren uns darauf, die Welt zu verbessern. Wir sind über 8500 Menschen und in Hubs auf der ganzen Welt dabei, Probleme anzugehen, Brücken zu bauen zwischen verschiedenen sozioökonomischen Gruppen. Das spornt mich an, meine Privilegien und *lessons learned* weiterzugeben. Daher sind wir da sehr aktiv. Wir haben beispielsweise in Frankfurt eine *coding school* aufgebaut, in der wir unterprivilegierte Jugendliche mit Migrationshintergrund unterrichten, die oft sogar ohne ihre Eltern in dieses Land gekommen sind.«

Dieses Interview hat mich super inspiriert zurückgelassen. Wow, was dieser Mann alles macht! Zum einen hat es mir gezeigt, dass sogar Menschen, die jeden Tag mit enorm großen Geldsummen arbeiten, ganz normale Menschen sind. Zum anderen hat es mal wieder mein Weltbild bestätigt: Man ist nicht böse, nur weil man reich ist oder weil man im Anzug herumläuft. Damians Projekte auf der ganzen Welt belegen, dass seine eigene Geschichte ihn inspiriert hat, etwas zurückzugeben und auch mal danke zu sagen. Und auch wenn er in diesen letzten Sätzen seine weiche Seite gezeigt hat, heißt das nicht, dass er weniger erfolgreich ist im Job, nur weil er nicht »eiskalt« ist. Er ist rational und spielt gerne mit dem Feuer, die beste Kombination für den interessantesten Venture Capitalist, die ich bisher entdeckt habe.

Technology Focus: Augmented Reality und Virtual Reality

Elon Musk meinte einmal, dass man sich besonders auf Technologien konzentrieren sollte, die die normalen Sinne eines Menschen verbessern und erweitern. Mit Virtual Reality (VR) wird

Technology Focus: Augmented Reality und Virtual Reality

genau das gemacht. Die Wahrscheinlichkeit, dass du diese Technologie schon einmal genutzt hast, ist sehr hoch, wenn du Snapchat benutzen solltest oder beispielsweise leidenschaftlich gerne Videospiele spielst. Die HoloLens von Microsoft ist ein gutes Beispiel für Virtual Reality. Sie schafft es, eine zusätzliche Realitätsebene einzublenden. Ebenso nutzen immer mehr Spiele wie etwa »Pokemon Go« die Technologie, um die kleinen Pokemons über das Smartphone und die Kamerafunktion in der realen Umwelt zu platzieren.

Augmented Reality wird als »computergestützte Erweiterung der Realitätswahrnehmung«[7] definiert. Betroffen ist dabei vor allem die visuelle Wahrnehmung. AR kombiniert Realität mit virtueller Realität und ermöglicht es dem Nutzer, in Echtzeit unter Einblendung von weiterführenden Informationen oder Überlagerungen mit dem System oder Programm zu interagieren.[8] Eine mögliche Anwendung skizziert Dr. Andreas Gentner, Partner und Leiter TMT EMEA bei Deloitte: Nutzer können »dank AR unter anderem Einkäufe vor dem Kauf virtuell austesten, beispielsweise ihre echte Wohnung mit digitalen Möbeln einrichten. So entsteht eine ganz neue User-Experience. Wichtigstes Zugpferd bleibt jedoch vorerst der Games-Markt«.[9]

So viel zu Augmented Reality. Doch wo genau besteht der Unterschied zu Virtual Reality?

Bei der erweiterten Realität (AR) wird eine Verschmelzung von echter und virtueller Welt erreicht, während bei VR Anwendungen separate virtuelle Welten entstehen lassen, die von der echten Realität abgekoppelt sind.[10] Dementsprechend ist das Anwendungsgebiet der beiden Technologien verschieden. Denn ähnlich wie bei Gaming-Equipment, das entscheidend von der Weiterentwicklung der Technik profitiert, sind auch hierfür entsprechend aktuelle Smartphones und Tablets erforderlich.

Deloitte hatte bereits für 2018 errechnet, dass Zehntausende neuer AR-Apps für sich genommen weltweit einen Umsatz von rund 100 Millionen US-Dollar generieren. Der Mehrwert für das Smartphone-Ökosystem liegt dabei jedoch noch weit höher, schließlich wird die Augmented Reality zu einem wichtigen Treiber für Gerätenutzung, Smartphone-Verkäufe und Downloads bestimmter App-Typen wie Shopping, Games und Social Networks.

Ich muss nur in mein Handy blicken und sehe den Trend überall. Meine App für öffentliche Verkehrsmittel hat ein neues Feature. Ich kann nun die Kamera verwenden und mich um 360 Grad drehen, sodass mir in jeder Richtung die nächsten Haltestellen angezeigt werden – sogar mit Abfahrtszeiten! Oder ich gehe auf eine Messe und setze die HoloLens auf, um zu verstehen, wie manche Modelle in 3D wirken. Ich kann mit den Gegenständen spielend leicht interagieren und sehe sofort den Mehrwert. Sicherlich hast du auch schon kleine Kinder oder Erwachsene »Pokemon Go« spielen sehen. Das ist natürlich ein klasse Beispiel dafür, wie man die Technologie in die Spielbranche übersetzen kann.[11]

Moneymaker: Elon Musk

Junge Menschen sind meist sehr beschäftigt. Zumindest war ich das. Ich wollte tolle Noten schreiben, jeden Tag etwas mit Freunden machen, viel arbeiten und Geld verdienen. Das geht natürlich nur gut, wenn man einen genauen Plan hat, was man wann machen möchte. Hat man den nicht, kann es sehr schnell schwierig werden. Im Folgenden möchte ich dir ein paar Tipps von Elon Musk ans Herz legen, die dir vielleicht ein bisschen dabei helfen, den Weg zu einem erfolgreichen Unternehmertum einzuschlagen.

Was für Tipps darf man von einem Mann erwarten, der bereits bevor er 40 Jahre alt geworden ist, revolutionäre Arbeit in drei verschiedenen Bereichen (Solarenergie, Autoindustrie, Raumfahrt) geleistet hat? Eine Sache steht fest: Der Mann hat noch viel vor und wird so schnell nicht ruhen. Doch was würde er jemandem raten, der gerade erst mit seiner Karriere anfängt, und welchen Branchen würde er besonders viel Aufmerksamkeit schenken?

Das erfährst du alles gleich, aber für alle, die seine Biografie noch nicht gelesen haben, gibt es erst einmal ein paar Hintergrundinfos zu seiner Person und seiner Karriere. Was die wenigsten über Musk wissen: Er wurde in Südafrika geboren und kam erst mit 17 Jahren in die USA. Dort studierte er an einer Eliteuniversität Physik und Wirtschaft. Was folgt, ist nun eine Liste mit sehr erfolgreichen Start-up-Gründungen.

1. Start-up: Zip2

1995 gründet Musk im Silicon Valley sein erstes Start-up: Zip2. 1999 wird es für 307 Millionen Dollar an Compaq verkauft. Elon Musk verdient dabei 22 Millionen und wird zum Dotcom-Millionär. Er entscheidet sich, das Geld komplett in ein neues Unternehmen, nämlich PayPal zu stecken. Die Rechnung geht auf. 2002 kauft Ebay PayPal für 1,5 Milliarden Dollar und Elon Musk kassiert erneut 250 Millionen.

2. Start-up SpaceX

Viele Menschen hätten ihr Glück wahrscheinlich nicht noch einmal auf die Probe gestellt. Anders Elon Musk. Kurz danach beschließt er, in eine der schwierigsten Branchen der Welt einzusteigen, die Raumfahrt. 2002 gründet er in Los Angeles die Raumfahrtfirma SpaceX. Im September 2008 gelingt der vierte Start der Falcon-Rakete. Bereits wenige Monate später erhält SpaceX von der Nasa einen 1,6 Milliarden Dollar schweren Auftrag. Mit der Falcon-9-Rakete und der neuartigen Dragon-Kapsel lässt sich ein unbemanntes Raumschiff sicher zur ISS und zurück zur Erde bringen.

3. Start-up Tesla
Als ob es nicht schon schwer genug wäre, ein Raumfahrt-Unternehmen zu führen, entscheidet sich Musk fast zeitgleich dazu, mit zwei Mitgründern in der Autoindustrie ein neues Unternehmen auf die Beine zu stellen. Tesla soll es ermöglichen, für ein breites Publikum Elektroautos anzubieten. 2006 wird der zweisitzige Sportwagen mit einem 292 PS starken Elektromotor erstmals enthüllt. Viele Promis nutzen Teslas neuere Modelle unter anderem als Prestigeobjekt.

4. Start-up Solarcity
Musk spezialisiert sich nun auch auf Solaranlagen und versucht, mit besserer Technologie und billigeren Preisen Kunden von seinem Produkt zu überzeugen. In den USA ist Solarcity bereits einer der größten Solar-Installateure. Mit seiner »Powerwall« kann jeder seinen Solarstrom zu Hause speichern und sich autark mit Energie versorgen.

5. Projekt Hyperloop
Musks nächster Traum ist die Revolutionierung der Eisenbahn. Der Hyperloop soll in einem Vakuum bis zu 1220 km/h schnell fahren und für die 600 Kilometer lange Strecke von Los Angeles nach San Francisco nur eine halbe Stunde brauchen. Dann

wären Flugzeuge überflüssig. Seit 2013 tüftelt das Musk-Team an der Realisierung des Hyperloops. Im Moment arbeiten zwei Unternehmen an der Umsetzung dieser Idee: Hyperloop Transportation Technologies und Hyperloop One. Wer das Rennen für sich entscheidet, wird sich wohl bald zeigen.

Wenn du so tickst wie ich, dann sollte dich das eigentlich unglaublich motivieren. Dieser Mann hat innerhalb von 20 Jahren fünf richtig große Projekte aufgezogen, erfolgreich entwickelt und weiterverkauft, die die Welt nachhaltig geprägt haben.

Aber zurück zur Eingangsüberlegung, was Elon Musk wohl jungen Leuten raten würde. Leuten, die vielleicht gerade ihr Abitur geschafft haben, mitten im Studium stecken oder ihren Abschluss in der Tasche haben. Ich habe viele Interviews von ihm gelesen und er scheint folgende Punkte für sehr wichtig zu erachten. Auch wenn seine Start-ups die Welt verändert haben, rät er jungen Leuten, sich nicht zu großen Stress zu machen. Ein Produkt muss nicht unbedingt die Welt krass verändern, um gut zu sein. Es reicht, wenn man eine wichtige Lücke erkannt hat und diese gut füllen kann. Wenn du deinen Kunden einen Mehrwert mit deinem Produkt bieten kannst und sie dich dafür schätzen, machst du es richtig. Nichtsdestotrotz ermuntert er dazu, sich immer wieder in aktuelle Trendthemen einzulesen. Nicht, um den Trends zu folgen, sondern um die Technologie dahinter früh genug zu verstehen und gegebenenfalls Marktlücken zu entdecken. In seinen Worten: *»Don't just follow the trend.«*

Im Gespräch mit der Interviewerin Kara Swisher hat er empfohlen, sich mit künstlicher Intelligenz zu befassen. Eine Technologie, die er als potenziell sehr gefährlich einschätzt und die erst wenige Leute wirklich verstehen, weshalb er sich selbst mehr darin einbringen möchte.[12]

Sein Wissen bezieht der erfolgreiche Gründer und Geschäftsführer größtenteils aus Fachbüchern, aus dem Gespräch mit Menschen, die viel klüger sind als er, und aus den Fragen, die er stellt. Musk profitiert immens von seinem Netzwerk bzw. den Mitarbeitern, mit denen er tagtäglich redet und an neuen Lösungen tüftelt. Er lernt so viel aus den Problemen, die er beispielsweise bei SpaceX jeden Tag löst, dass er dieses Wissen auch wieder bei SolarCity oder Tesla einsetzen kann. Dieses Prinzip nennt man Cross-Learning. Es ermöglicht einem, bereits einmal durchdachte Lösungen auf einem komplett anderen Gebiet anzuwenden.

Vielleicht raten dir deine Eltern, dich nur auf ein Thema zu konzentrieren und dieses so lange zu studieren, bis du es gemeistert hast. Doch Elon Musk zieht es vor, von allem immer ein bisschen zu wissen. So behält er den Überblick und hat einen erheblichen Vorteil gegenüber Leuten, die sich ihr ganzes Leben nur auf eine Sache konzentriert haben. In Sachen Innovation hat er dann die Nase vorn. Er hat ein gesundes Gespür für Trends und weiß, wie man Dinge angeht. Für die Umsetzung der entstehenden Probleme engagiert er dann schlaue Menschen.

Was ich definitiv für mich mitnehmen kann, wenn ich mir seinen Charakter anschaue: Neugier ist superwichtig und man muss sich auch trauen, dumme Fragen zu stellen, um etwas Neues zu lernen und dann in verschiedenen Bereichen erfolgreich zu sein.

Moneymaker: Tim Draper

Tim Draper gehört zu den erfolgreichsten Investoren im Silicon Valley. Er investierte früh unter anderem in Skype, Tesla und Chinas Suchmaschine Baidu. Er gehört zu den Investoren, die von der

Blockchain-Technologie gefesselt sind. In einem Interview mit dem Technologie-Magazin *Wired*¹³ hat er seine Gedanken zu Zukunftstechnologien kundgetan. Auf die Frage, auf welchem Gebiet wir in der Zukunft am meisten Veränderung erleben werden, meinte er: »[...] In der Finanzindustrie. Bitcoin und die Blockchain werden das gesamte Bankwesen grundlegend verändern – Investieren, Bezahlen, alles. Keine Frage. Es macht einfach keinen Sinn, weiterhin Kreditkarten-Unternehmen 2,5 bis 4 Prozent an Gebühren für jede Transaktion zu bezahlen, wenn sich das Gleiche mit Bitcoin oder der Blockchain für einen Bruchteil der Kosten erreichen lässt."

Wenn man sich zudem die Kursverläufe der Kryptowährung Bitcoin ansieht, kann man seinen Enthusiasmus gut nachvollziehen. Noch im Januar 2017 kostete ein Bitcoin keine 1000 Dollar. Um sagenhafte mehr als 2000 Prozent ist der Wert seither gestiegen. Was die Blockchain ist und wieso ihre Verfechter so sehr an ihr disruptives Potenzial für die gesamte Gesellschaft glauben, wirst du im Folgenden noch erfahren. Für jetzt reicht es, wenn du weißt, was man genau mit dieser Technologie machen könnte. Stell dir folgendes Szenario vor: Du unternimmst mit deinen Freunden eine Reise und buchst eine Wohnung in Paris. Dort angekommen, stehst du vor der Wohnungstür und sie öffnet sich vollkommen automatisch. Doch nicht nur das Türschloss öffnet sich, du bezahlst auch automatisch. Die Blockchain ist der alleinige Vermittler zwischen dir und dem Vermieter. Sie erledigt alle Verwaltungsschritte für dich: die Bestellung der Wohnung, die Bezahlung und die Abwicklung. Das wäre doch eine schöne Vorstellung!

Was würde das für unsere Wirtschaft bedeuten? Eine Welt ohne Mittelsmann, in der Maschinen teilweise komplett automatisch Verträge miteinander abschließen können, ohne eine

Plattform zu nutzen. Wenn man sich die großen Unternehmen heute anschaut, merkt man, dass diese ganz anders funktionieren. Die großen Plattformen wie Facebook oder Google sind große (menschliche) Organisationen und würden ohne deren Chefs zusammenbrechen! Die Frage, ob eine Plattform, die vollkommen dezentral funktioniert, ohne Menschen auskommt und nur auf einem automatisierten Code basiert, ist also noch unbeantwortet. Wer würde sich in solch einer Welt um die Weiterentwicklung des Systems kümmern? Wer liefert dir in Paris den Kundensupport, den du brauchst, falls etwas schiefgehen sollte? Natürlich haben Kritiker noch viel mehr solcher Fragen, wenn es um das Thema Blockchain geht.

Das wichtigste Anwendungsgebiet der Blockchain-Technologie sind bis jetzt natürlich die Kryptowährungen. Man hört mittlerweile sogar in den lokalen Nachrichten von Bitcoin. Vielleicht haben auch deine Eltern dich schon gefragt, ob du investieren möchtest. Dein Nachbar hat womöglich bereits investiert. Eine Frage, die man sich in diesem Zusammenhang immer öfter stellt: Ist das Ganze eine Blase, die bald platzen wird?

Während Bitcoin immer höhere Werte erreicht, werden die Stimmen der Kritiker zunehmend lauter. »Alles deutet auf eine Blasenbildung hin«[14], warnt Stefan Bielmeier, Chefvolkswirt der DZ Bank. »Mit Bitcoins bietet sich uns die einmalige Gelegenheit, das Entstehen, Wachsen und Platzen einer Spekulationsblase in Echtzeit und Hochgeschwindigkeit mitzuerleben«, sagt Manfred Hübner, Geschäftsführer des Beratungsunternehmens Sentix.[15] Vielleicht ist das Thema Blockchain ja auch vergleichbar mit der Dotcom-Blase damals? Auch da versuchten viele Unternehmen, sich mit der damals neuen Technologie einen Namen zu machen – doch die wenigsten überlebten diese Zeit. Oder es ist vielleicht vergleichbar mit dem Schlagwort künstliche Intelligenz, das ja im Moment in aller Munde ist und jede Firma zu nutzen weiß. Viele Menschen gewinnen durch die reine Nennung dieses Schlagworts in ihrem Geschäftsplan einen enormen Auftrieb, nur um dann in die Realität zurückkatapultiert zu werden, falls sie Versprechen nicht einhalten. Wir werden wohl erst mit der Zeit erfahren, wer den Hype langfristig überleben wird.

Was eine Spekulationsblase ist, hast du im Kapitel dazu ja bereits erfahren. Eines hatten die Kursblasen in der Vergangenheit stets gemeinsam: Bei hohen Umsätzen stiegen die Preise für bestimmte Handelsgüter immer schneller in schwindelerregende Höhe. Der Bitcoin-Kurs weist eindeutige Zeichen einer Blase auf. Wann sie platzen wird, lässt sich jedoch nicht vorhersagen. Auslöser könnten Hackerangriffe, eine härtere Regulierung oder auch der Aufwind von Konkurrenzwährungen sein.

Doch jetzt erst einmal zurück zu Tim Draper. Was können wir vom waghalsigen Investor aus Kalifornien lernen? Eines ist sicher, er lag zwar oft richtig, doch das heißt nicht, dass er sein Geld nicht auch mal in den Sand gesetzt hat. Was man ihm aber lassen muss:

Er lebt am Puls der Zeit. Nicht nur physisch, sondern auch mental. Jeden Tag trifft sich Tim Draper mit Wissenschaftlern verschiedener Fachrichtungen und geht auf Konferenzen, sei es in Amerika, Europa, Asien oder Afrika. Auffällig ist auch, dass er besonders viel Zeit mit jungen Gründerinnen und Gründern verbringt. Woran man das erkennt? Er hat eine eigene Art Universität unter seinem Namen eröffnet: Draper University. Etwa 80 Leute können sich für das »Entrepreneur in Residence«-Programm bewerben. Günstig ist das Ganze allerdings nicht, doch es gibt viele Stipendien auf der Website. Schafft man es erst einmal durch das Bewerbungsverfahren, darf man ganze sieben Wochen in Silicon Valley leben und jeden Tag berühmte Gründer treffen. Beispielsweise durften Drapers Alumni auch schon mit Elon Musk reden und eine Tour bei Tesla machen. Die Idee dahinter? Am Ende der sieben Wochen gibt es den sogenannten *pitch day*, an dem jeder Teilnehmer bzw. Student seine Business-Idee in knackigen drei Minuten vor 30+ Silicon-Valley-Investoren, natürlich auch Tim Draper selbst, vorstellen und sich deren Fragen stellen muss. So weiß Tim Draper sofort, welche Ideen junge Menschen begeistern, und hat den Vorteil, dass er sofort die Reaktion der erfahrenen Investoren auf diese sieht. Gefällt ihm die Idee, macht er den angehenden UnternehmerInnen ein Angebot, Anteile zu kaufen. Er ist dafür bekannt, sehr viel Potenzial in jungen Menschen zu sehen und diese mit den richtigen Menschen zusammenzubringen. Vielleicht bist du die oder der Nächste? Wenn du noch mehr zu seiner Universität erfahren möchtest, kannst du auf www.draperuniversity.com nachlesen.

Draper glaubt an das Potenzial der Blockchain und ist ein sehr leidenschaftlicher Investor in Bitcoin, Ethereum & Co. Doch auch wenn er noch so schlau ist und viel Geld mit seinen Investitionen verdient hat, darfst du nie jemandem einfach so folgen und nachmachen, was er tut. »Viele Menschen erhoffen sich hier das schnelle Geld und investieren voreilig«, sagt Mark Preuß, Geschäftsführer des Bitcoin-Blog BTC-Echo. Denn beim Kauf eines Bitcoins ist ein Totalverlust möglich. Auch Tim Draper ist davon überzeugt und rät seinen Studenten zum Thema Bitcoin: »Du musst dein Research selbst machen und dich informieren. Du musst dir selbst ein Bild von dem ganzen Thema machen.«

Ich kann ja mal einen Anfang machen. Was sind Blockchain und Bitcoin eigentlich? Bitcoins könnten irgendwann eine Alternative zu Notenbank-Währungen werden – so zumindest die Vermutung mancher Experten. Das war auch die Absicht des anonymen Erschaffers, der mit dem Pseudonym Satoshi Nakamoto bezeichnet wird. Sein 2008 veröffentlichtes Konzeptpapier ist eine Antwort auf die Finanzkrise. Bevor der bis heute unbekannte Entwickler am 3. Januar 2009 den ersten Block in die Kette entließ, schrieb er einen Verweis auf Großbritannien hinein, wo zuvor zum zweiten Mal Banken mit Steuergeld gerettet worden waren. Bitcoin sollte den Menschen weltweit erlauben, in einem demokratischen System selbst Geld zu schaffen und zu verwalten.

Doch was steckt hinter Blockchain? Das *t3N Magazin*[16] definiert es wie folgt: »Jede Blockchain besteht aus einer Kette von Datensätzen, die von allen Rechnern eines weltumspannenden Netzwerks verwaltet und berechnet werden. Dabei landet auf jedem angeschlossenen Computer eine Kopie der verschlüsselten Daten. Somit ist eine Fälschung oder gar Löschung der Daten de facto nicht mehr möglich. Auf diese Weise lassen sich zum Beispiel Bitcoins schnell und sicher speichern und auf ein Konto überweisen.«

Technology Focus: Blockchain

Schauen wir uns mal unser oben erwähntes Fallbeispiel an: Wie würde das Buchen eines Hotelzimmers genau funktionieren? Die Antwort in der Blockchain-Welt: mit einer Dapp. Dapps sind dezentralisierte Apps, die durch das Netzwerkprinzip der Blockchain möglich werden. Jede Dapp besteht – je nach Anwendungsfall – aus sich selbst ausführenden Codes, den sogenannten Smart Contracts. Diese Smart Contracts haben eigentlich nichts mit klassischen Verträgen zu tun. Vielmehr werden damit Anwendungen oder digitale Vorgänge bezeichnet, die sich über die Blockchain von selbst und ohne Mittelsmänner ausführen. In unserem Beispiel: das Öffnen der Ferienwohnungstür ohne vorherige Schlüsselübergabe mit dem Vermieter. Und wie bezahlt man?

Du könntest theoretisch mit jeder Kryptowährung zahlen, die du besitzt und die von deinem Geschäftspartner akzeptiert wird. Da Bitcoin derzeit die beliebteste Kryptowährung ist, ist diese auch oft die Währung der Wahl. Aber es gibt noch andere Währungen, die du verwenden könntest. Hier eine kleine Übersicht:

Ether: Ether hat die Besonderheit, nicht nur eine Währung zu sein, sondern auch mit einer dazugehörigen Plattform namens Ethereum zu arbeiten. Über diese Plattform könnten in Zukunft viele Services, wie beispielsweise Notarbesuche, dezentral und sicher abgewickelt werden.[17]

Ripple: Ripple Coin ist vor allem dafür bekannt, Zahlungsabwicklungen schnell durchzuführen. Dabei macht Ripple es möglich, Guthaben weltweit in Echtzeit zu transferieren. Banken nutzen dies für den Versand und Handel von Devisen (also fremde Währung auf dem Konto).[18]

Litecoin: Die Kryptowährung basiert auf demselben Quellcode wie Bitcoin, sie zeichnet sich aber durch noch schnellere Transaktionszeiten und eine verbesserte Speichereffizienz aus. »Manche Trader beschreiben das Verhältnis der beiden Währungen so, dass, wenn man Bitcoin als Äquivalent für Gold betrachten würde, Litecoin vergleichbar mit Silber wäre«, so die Investmentfirma Admiral Markets.[19]

IOTA: Die Währung soll Zahlungen im »Internet of Things« vereinfachen. Sie soll vor allem für automatisierte Vorgänge erfunden worden sein. Die Kryptowährung ist daher auf Micropayments zwischen zwei Maschinen ausgelegt, die auch offline funktionieren. Interessant ist auch, dass IOTA nicht auf einer Blockchain basiert. Diese Herangehensweise soll dabei helfen, den typischen Probleme von blockchainbasierten Währungen entgegenzutreten, und Skalierbarkeit, schnelle Übertragungsgeschwindigkeit und niedrigere Transaktionskosten möglich machen.[20]

Die Macht der kleinen Start-ups

Vielleicht fragst du dich, warum ich in einem Buch über Aktien über Start-ups reden möchte. Es ist ganz einfach: Jeder fängt klein an. Auch große börsennotierte Unternehmen wie Apple oder Facebook haben klein begonnen, nämlich als Start-ups. Besser gesagt hatte meistens eine Person eine zündende Idee und hat es geschafft, Leute von sich und seiner Idee zu überzeugen. Doch Start-ups stehen seltener im Rampenlicht als Großunternehmen. Aus diesem Grund kann es sein, dass sie ganz einfach übersehen bzw. unterschätzt werden. Wenn du dieses Kapitel gelesen hast, solltest du dich daher intensiv mit deiner Umwelt auseinandersetzen, damit auch du vielleicht eine tolle Businessidee entdeckst, oder besser darin wirst, gute Ideen zu erkennen.

Im Folgenden möchte ich dir zeigen, wie manche Start-ups es geschafft haben, eine ganze Industrie auf den Kopf zu stellen und die Marktregeln neu zu definieren. Start-ups können aufgrund ihrer kleinen Größe besonders schnell auf Veränderung reagieren und ihr Unternehmen entsprechend rasch nach den aktuellen Trends ausrichten und neue Gesetze ausnutzen.

Man kann sich als guter Investor nicht immer nur auf Jetzt-Analysen verlassen und so die Zukunft vorhersagen, man sollte manchmal auch der Fantasie freien Lauf lassen und sich verschiedenste Zukunftsszenarien ausmalen. Aber keine Sorge, je mehr Bücher du zu dem Thema liest und je öfter du die Nachrichten aufmerksam verfolgst, desto mehr kannst du dich auf dein Bauchgefühl verlassen, wenn es um Trends geht.

Gute Investoren sind immer auf dem neuesten Stand. Sie wissen, was in der Welt los ist. Sie wissen, mit welchen Problemen die Leute zu kämpfen haben. Sie wissen, welches Start-up bald einem etablierten Unternehmen Konkurrenz machen oder sogar einen Riesen-Wettbewerbsvorteil haben könnte.

Moneymaker: Melinda Gates und ihr Engagement in Afrika

»Big Spenderin – 125 Euro in der Sekunde investiert Melinda Gates gemeinsam mit ihrem Mann Bill im Kampf gegen Hunger, Armut und Not. Und macht dabei mit ihrer Stiftung Weltpolitik«, so lauteten Überschrift und Teaser-Text eines Artikels über Melinda Gates im *SZ-Magazin*.[21] »Würde man das Gates-Vermögen in Hundert-Dollar-Noten teilen und fein stapeln, wüchse ein Turm von 86 Kilometern in den Himmel. 85 000 000 000 Dollar. Dieses Geld soll verschenkt werden. Bill und Melinda haben die größte Stiftung der Geschichte gegründet. Im Jahr spenden sie 4 Milliarden Dollar«, hieß es weiter im Bericht.

Melinda Gates ist schon seit Jahren ein riesengroßes Vorbild für mich. Nicht nur, weil diese Frau selbst Computerwissenschaften studiert hat, sondern auch wegen ihrer Art, über schwierige Themen zu sprechen. Mit ihrem weltberühmten Mann an ihrer Seite unterstützt sie Initiativen, die mit globalen Lösungen globale Probleme angehen. Doch das Wort »unterstützen« ist hier viel zu kurz gegriffen. Das Paar führt die Bill and Melinda Gates Foundation so, wie es wahrscheinlich auch ein normales Geschäft leiten würde – und wie gut Bill Gates das kann, haben wir ja schon durch Microsoft erfahren. Sie beschäftigen sich damit, wie man große Teile der Bevölkerung in überwiegend afrikanischen Ländern erfolgreich davon überzeugen kann, sich impfen zu lassen, sich vor Krankheiten zu schützen und vor allem auch jungen Frauen dabei zu helfen, ihre eigene Stimme zu finden und die Familienplanung in die eigene Hand zu nehmen. Kurz gesagt wollen sie Hunger und Armut auf der Welt bekämpfen. Melinda Gates steht in diesem Fall natürlich stellvertretend für alle, die sich ebenfalls mit diesen großen Themen unserer Zeit beschäftigen und nicht das Rampenlicht genießen. Ich bin mir sicher, dass auch viele Partner durch die Zusammenarbeit mit der Foundation in den Fokus rücken. Ich zumindest habe von vielen Organisationen erst durch Melinda und ihre Publikationen erfahren. Besonders tief haben mich ihre Geschichten in ihrem Buch *The Moment of Lift* berührt, in dem sie ehrlich über eigene Fehler berichtet und mit dem sie mir über Geschichten von Menschen vor Ort viele Sachverhalte nähergebracht hat. Vieles war mir vielleicht schon klar, weil man ja oft von afrikanischen Ländern und deren Problemen hört und zum Spenden aufgerufen wird, aber diese einzelnen Geschichten und Melindas Sicht darauf veränderten auch meine Gedanken in diesem Zusammenhang. So schrieb sie in ihrem Buch: »*Wisdom isn't about accumulating facts; it's about understanding big truths in a deeper way.*«[22] Also in etwa: Weisheit entsteht nicht durch das Zusammentragen von Fakten. Es geht darum, ein tieferes Verständnis von großen Wahrheiten zu erlangen. Da wurde mir schlagartig klar, warum sie ihre Arbeit und Fortschritte mit der Foundation in kleine Geschichten und nicht in Grafiken gepackt hat. Wahrscheinlich klingt es für die meisten nicht wirklich prickelnd, über die Wiederverwertung von Exkrementen oder die Periode von Frauen zu reden, wie sie es tut, dennoch sind diese Themen für extrem viele Menschen lebenswichtig.

Wenn wir wirklich gute Investoren werden wollen, dürfen wir den Blick aufs Ganze nicht verlieren. Während wir uns hier in Deutschland damit beschäftigen, wann wir denn nun flächendeckend 5G-Internet haben, sollten wir nicht die Orte auf der Welt vergessen, die komplett von dieser technologischen Welt abgeschottet sind. Wir sollten uns bemühen, die Technologien, die wir heute nutzen (und das nicht nur im technischen Bereich) auch in die Welt hinauszutragen. Denn wir können uns wirklich glücklich schätzen. Ich weiß, es ist einfach zu denken, dass arme Leute einfach nicht »hart genug arbeiten«, »anders« sind oder nicht so »schlau sind wie wir«, aber in diesen Momenten sind wir nicht ehrlich zu uns selbst. Die Wahrheit ist, dass wir genauso gut in ihrer misslichen Situation hätten landen können, wenn wir nicht Glück gehabt hätten. Arme Leute, egal wo sie wohnen, sind genauso sehr Mensch wie der reichste Mann oder die reichste Frau der Welt. Sie tragen dieselben Qualitäten in sich. Deswegen finde ich es wichtig, sich dieser Verantwortung der Aufklärung und des Handelns nicht zu entziehen.

Chengwei Liu ist Professor für Strategie- und Verhaltensforschung an der Berliner Business School ESMT. Er untersucht seit etwa zehn Jahren den Zusammenhang zwischen Glück(lichen Zufällen) und Karriere. Er hat herausgefunden, dass der Faktor Glück gerade in Top-Positionen eine enorm wichtige Rolle spielt. Wenn dich das Thema interessiert und du gut in Englisch bist, kannst du sein neuestes Buch dazu lesen: *Luck: A Key Idea for Business and Society*.

Wir müssen uns sowohl mit den Effekten des Klimawandels beschäftigen als auch mit den soziokulturellen Hemmnissen, die Menschen an (vielleicht sogar bereits existierenden) Lösungen hindern. Dazu gehört auch, die vielen Unternehmen auf der Welt im Blick zu haben, an denen du auch irgendwann Anteile halten wirst. Denn Investieren muss nicht immer heißen, dass du mit einer kleinen App Geldbeträge überträgst. In diesem Buch heißt Investieren auch, dass du mit Weitblick dein Geld in Produkten anlegst, die langfristig das Potenzial haben, die Welt zu verändern.

Und die Antworten auf drängende Probleme müssen nicht immer in Amerika oder China liegen, auch an anderen Orten der Welt schreien Dinge nach Aufmerksamkeit und warten darauf, angegangen zu werden. Zurück also zu Melinda Gates und ihrer Aufklärungsarbeit im Rampenlicht. Jedes Jahr bringt die Bill and Melinda Gates Foundation einen Bericht darüber heraus, welche Probleme sie während ihrer Arbeit identifiziert haben. Das Ganze lässt sich wirklich gut lesen, zum Beispiel in der Mittagspause, da es in einfacher Sprache verfasst sowie mit Bildern und Grafiken aufgelockert wurde. Ich kann es jedem nur empfehlen. Im diesjährigen Bericht (2020) stellt die Stiftung einiges vor, was sie bereits geschafft hat, macht aber auch neue Problemfelder aus, die verstärkt nach Aufmerksamkeit verlangen. Dabei spielen Probleme wie Klimawandel und Gleichberechtigung der Geschlechter eine wichtige Rolle. Man kann interessanterweise nicht nur in ihrem jährlichen Bericht mitverfolgen, woran die Stiftung arbeitet, sondern auch über die Website gatesfoundation.com erfahren, mit wem sie zusammenarbeitet[23] bzw. in wen sie investiert. Man findet eine genaue Auflistung der Namen der Unternehmen und die Art des Investments.[24] Neben bekannten Namen wie Bayer tauchen auch die zahlreicher (Tech-)Unternehmen auf, die ihren Standort auf der ganzen Welt verteilt haben und weniger bekannt sind. Ich bin mir sicher, dass du hier ein Unternehmen entdecken wirst, das dich überzeugt und bei dem du dir ein Investment vorstellen kannst.

»Wir haben die Armut halbiert. Wir haben die Sterblichkeit von Kleinkindern halbiert. Und die der Mütter fast halbiert«[25], behauptet Melinda Gates stolz und nennt die aufgelisteten Partner als Schlüssel zum Erfolg. Auch sie ist guter Hoffnung, dass die innovativen neuen Technologien ihr auf allen Wegen helfen werden. So erwähnt sie, wie wichtig Big Data für sie in der Arbeit ist und welch großer Hoffnungsträger KI im Bereich Gesundheit sein kann.

Dabei ist Melinda Gates natürlich nur eine von vielen, die ein so großes Potenzial im afrikanischen Raum erkannt haben. Auch wenn du nicht den Welthunger beseitigen möchtest, gibt es viele Gründe, sich mit afrikanischem Unternehmertum zu beschäftigen. Schließlich ist Afrika ein großer Kontinent, der ganze 54 Länder beherbergt, welche immer öfter die Aufmerksamkeit von Investoren, Unternehmern, Institutionen und diversen Politikern auf sich ziehen.[26] Während wir in Deutschland mit einer Überalterung der Gesellschaft zu kämpfen haben, sind die Leute auf dem afrikanischen Kontinent vergleichsweise jung und werden vor allem mehr! Bis zum Jahr 2050 soll die Bevölkerung laut des Bundesinstituts für Bevölkerungsforschung auf 2,42 Milliarden Menschen wachsen.[27] Das Auswärtige Amt verzeichnete eine Verdopplung der Investitionen der deutschen Unternehmen innerhalb des letzten Jahrzehnts auf dem Kontinent. Der schlechte Ruf, den Afrika im Moment noch bei vielen Leuten hat, hat keine Berechtigung mehr. Sicherlich ist die Berichterstattung auch mit daran »schuld«, dass es so viele negative Meinungen zu dem afrikanischen Kontinent gibt, schließlich hat er immer noch mit politischer Instabilität, Korruption und schlechter Infrastruktur zu kämpfen.[28] Die Sache ist nur, dass diese 54 Länder große Unterschiede aufweisen und es entscheidend ist, von welchem Land die Rede ist. So herrschen in

Zentralafrika noch viele grenzüberschreitende Kriege, wohingegen im Süden enormes Wirtschaftspotenzial lockt und Westafrika reich an Ressourcen ist.

Auch ich neige dazu, Afrika als Einheit zusammenzufassen, aber das wäre nicht fair. Auf einem Kontinent von über 30 Millionen Quadratkilometern mit unterschiedlichsten Klima- und Vegetationszonen können wir unmöglich alle Länder über einen Kamm scheren.²⁹ Solltest du daran interessiert sein, dich mit diesem Riesenkontinent näher zu befassen, würde ich dir empfehlen, dir Afrika nicht als Ganzes vorzunehmen, sondern dir erst einmal ein Bild zu machen, was für Herausforderungen es in einzelnen Ländern gibt, und dann immer mehr in die Tiefe zu steigen. Der größte Start-up-Verband ist sich zumindest sicher, dass wir uns mit dem afrikanischen Kontinent mehr beschäftigen müssen.

Es tut sich nämlich schon einiges dort. Es gibt viele »Neuerungen wie Micro Payments, Micro Credits, die Einrichtung afrikanischer sozialer Netzwerke, Telemedizin und andere Innovationen im Bereich von Basisdienstleistungen«. ³⁰ Und auch für die Zukunft ist viel zu erwarten:

- »eine Zunahme von Innovationszentren und TechHubs wie iHub (Kenia), KLab (Ruanda) und Kumasi Hive (Ghana) mit Zugang zum Internet […]
- erfolgreiche Beispiele für Start-ups wie TaxiJetm wigroup, Giraffe, M-Farm, M-Pesa oder SafeMotos und FOYO,
- ein wachsendes Interesse von globalen Technologieunternehmen, afrikanische Start-ups in die Entwicklung ihrer Produkte einzubeziehen
- […]
- die Präsenz von Start-ups in fast allen Bereichen und Segmenten.«³¹

Damit hast du nun eine erste Vorstellung, wie die Situation in Afrika aussieht und welche Entwicklungen zu erwarten sind. Was auch immer du tust, halt die Augen in Zukunft offen, wenn es um den afrikanischen Kontinent geht, sonst entgeht dir noch eine super Gelegenheit, in dieser aufregenden Zeit mitzumischen.

Technology Focus: Biotech[32]

Meine Generation macht mir Hoffnung. Am 20. September 2019 motivierten Greta Thunberg und die Initiative Fridays for Future weltweit Millionen von Menschen, auf die Straße zu gehen, für das Klima zu streiken und dafür zu sorgen, dass die formulierten Ziele des Pariser Abkommens eingehalten werden. »Ihr habt verschlafen, wir sind aufgewacht« stand etwa auf einem der Plakate, auf einem anderen war »Hört auf, uns zu verKOHLEn« zu lesen oder »Kurzstreckenflüge nur für Bienen«.

In jeder größeren Stadt der Welt werden mittlerweile Demonstrationen abgehalten, die auf die aktuelle Situation aufmerksam machen sollen. Klimaforscher, Unternehmer, Politiker sowie Umweltaktivisten diskutieren auf vielen Bühnen – sowohl online als auch offline – über mögliche Ansätze, um den CO_2-Ausstoß zu verringern. Das Internet bietet die Möglichkeit, sich auf globaler Ebene über neue Projekte und Gedanken zu unterhalten – auch ich mache dabei mit. So findet im Moment sowohl kommunal, regional als auch global eine Konversation statt, die großen Einfluss auf die junge Generation hat. Auch zahlreiche Wissenschaftler unterstützen Greta Thunbergs Aussage, dass wir den Planeten nur schützen können, wenn wir in den nächsten Jahren eine Revolution im Bereich Wirtschaft und Politik herbeiführen. Die

Technology Focus: Biotech

ganze Welt fängt an, umzudenken und offen und ehrlich über die Folgen unseres Handelns zu diskutieren.

Doch sind Verzicht und Verbote wirklich die einzigen Werkzeuge, die man verwenden kann, um die Klimapolitik nachhaltig zu beeinflussen? Als Programmiererin für verschiedenste Start-ups und andere Projekte habe ich oft erlebt, wie Probleme jeglicher Art mithilfe von Technologie gelöst werden konnten. Du findest keinen Partner? Nutze doch mal Tinder! Du hast dich verlaufen? Google Maps kann helfen. Du weißt nicht, was du kochen sollst? Bestell dir dein Essen per Knopfdruck nach Hause.

Bedürfnisse werden mithilfe von Apps befriedigt. Wie viele auch außerhalb der Techbranche festgestellt haben, sind Daten mittlerweile das »neue Öl« – was bedeutet, dass die von uns gespeicherten Informationen als wertvolles Kapital und potenzielle Quelle für Wettbewerbsvorteile betrachtet werden. Sie sind zum Treibstoff für fortschrittliche Technologien wie maschinelles Lernen geworden. Doch wir ignorieren beispielsweise nahezu vollkommen, dass Facebook, Google & Co. die Menschen zwar miteinander verbinden und Wissen zur Verfügung stellen, gleichzeitig mit ihren riesigen Datenzentren aber enorm viel Energie benötigen. Die Technologie erreicht langsam ihre Grenzen. Bis 2030 könnten sie das Fünfzehnfache des heutigen Strombedarfs verbrauchen und somit gleichzeitig für 8 Prozent des weltweiten Energiekonsums verantwortlich sein. Und: Festplatten belegen Platz. Ihr Speicherverhältnis beträgt rund 30 Millionen Gigabyte pro Kubikmeter, was dazu führt, dass die Server der Techgiganten größer werden, um der steigenden Nachfrage gerecht zu werden.

Es reicht also mittlerweile nicht mehr, ökologisch nachhaltig zu sein und auf Inlandsflüge zu verzichten. Wir müssen uns auch mit dem Gedanken anfreunden, digital nachhaltig zu handeln. Heißt das, dass wir unsere Computer nun weniger oft verwenden sollen? Spätestens bei dieser Frage wird deutlich, dass »alles bewusster und weniger konsumieren als bisher« nicht die Antwort sein kann. Denn die Nutzung des Internets aus dem Alltag verbannen beziehungsweise drastisch einschränken zu wollen wäre nicht nur rückständig, sondern würde auch bedeuten, dass der Konsument allein für eine Lösung sorgen kann. Hier können wir also auf unsere beliebten Klimaschutz-Mantras »Verzicht und Verbot« nicht mehr zurückgreifen. Wir müssen radikal anders auf die Probleme der heutigen Zeit antworten.

Einen Lösungsansatz offenbarte erst kürzlich der IndieBio-Podcast, der von dem gleichnamigen Start-up-Inkubator im Bereich Biotech in den USA stammt. Wie dessen Gründer Arvind Gupta kürzlich argumentierte, werden »die Doppelkatastrophen der planetaren und menschlichen Gesundheit« eine Marktgröße von 100 Billionen Dollar erschaffen. Es ist also an der Zeit, dass wir uns von den alten, überholten Technologien lösen und stattdessen beginnen zu verstehen, was Biotech ist und welche Lösungen diese Technologien uns anbieten können. Im einfachsten Sinne ist Biotech eine auf Biologie basierende Technologie – dabei nutzt sie zelluläre und biomolekulare Prozesse, um Technologien und Produkte zu entwickeln, die dazu beitragen, unser Leben und die Gesundheit unseres Planeten zu verbessern. Seit mehr als 6000 Jahren nutzen wir biologische Prozesse von Mikroorganismen, um nützliche Lebensmittelprodukte wie Brot und Käse herzustellen und Milchprodukte zu konservieren.

Und hier kommt das Start-up Catalog aus Boston ins Spiel. Mithilfe von Catalog können statt 30 Millionen Gigabyte nun 600 Milliarden Gigabyte auf demselben Datenträger gespeichert werden (also die 20 000-fache Menge). Dafür nutzt es DNS zur Datenspeicherung. Und damit ist nicht etwa die Abkürzung einer bis dato unbekannten Technologie gemeint, sondern tatsächlich Desoxyribonukleinsäure.

Was an den Biologieunterricht erinnert, ergibt umso mehr Sinn, je mehr man sich mit dem Thema beschäftigt. Die Informationsdichte der DNA ist erstaunlich, da nur 1 Gramm 215 Petabyte (215 Millionen Gigabyte) Daten speichern kann. Zum Vergleich: Die durchschnittliche Festplatte eines Laptops kann nur ein Millionstel dieser Menge aufnehmen. In anderen Worten: DNA kann ungefähr eine Million Mal mehr Informationen speichern als die heutigen Flash-Laufwerke! Sie ist außerdem stabiler, sicherer und verbraucht nur minimal Energie. Das Grundkonzept der DNA-Speicherung ist dabei einfach: Im Wesentlichen codiert das Start-up nur die Einsen und Nullen des digitalen Codes in die T-, G-, A- und C-Werte des genetischen Codes. Für Organisationen wie Filmstudios und Laboratorien für Teilchenphysik, die enorme Informationsmengen auf unbestimmte Zeit archivieren müssen, könnte das dafür sprechen, nur noch DNA als Speichermedium zu verwenden.

Dieses Beispiel zeigt, dass wir aus unserer bekannten Umgebung, unserer »Bubble«, heraustreten müssen. Wir dürfen nicht immer nur dieselben Tech-Experten nach Lösungen befragen, sondern müssen ganz bewusst den Dialog mit Außenstehenden suchen, um neue Lösungsansätze zu finden. Wir stehen an der Schwelle zu einer neuen Innovationsära, in der traditionelle Silicon-Valley-Ansätze uns nicht dahin bringen, wohin wir gehen müssen. Stattdessen sollten wir eine engere Zusammenarbeit zwischen der wissenschaftlichen Gemeinschaft, der Investorengemeinschaft und den Regierungsbehörden fördern, um Probleme zu lösen, die immer komplexer und interdisziplinärer werden.

Als Programmiererin wünsche ich mir nicht nur eine Verschmelzung verschiedenster Disziplinen, sondern erhoffe mir in dieser Konversation über die Zukunft auch einen höheren Frauenanteil als bisher in der Tech-Branche üblich. Weniger als 30 Prozent der Angestellten in der Digitalbranche sind weiblich, bei den Selbstständigen und Gründern sind es sogar nur 11 Prozent. Da der Bereich Biologie einen hohen Frauenanteil aufweist (60 Prozent), könnten in Zukunft besonders Frauen von der großen Aufbruchsstimmung in den Bereichen Biotech, Biochemie, Umweltforschung, Pharma oder Zellbiologie profitieren. Denn die zentralen Fragen der Gesellschaft betreffen schließlich uns alle.

Laut einer Aussage der Vereinten Nationen wird die Weltbevölkerung bis 2050 9,8 Milliarden Menschen erreichen, was bedeutet, dass mehr Menschen natürliche Ressourcen verbrauchen als zu irgendeinem anderen Zeitpunkt in der Geschichte der Menschheit. Und die Herausforderungen nehmen weiter zu: Mittlerweile sind 31 Prozent der Todesfälle auf Herz-Kreislauf-Erkrankungen zurückzuführen und die Krebsfälle nehmen doppelt so schnell zu, wie die Bevölkerung wächst. Dazu kommt das Klima: Die Erderwärmung stellt das größte zu lösende Problem des 21. Jahrhunderts dar. Wenn sich nichts Grundlegendes ändert, so warnen die Wissenschaftler des Weltklimarats, erwärmt sich die Erde in den nächsten 20 Jahren um mindestens 1,5 Grad (im Vergleich zu vorindustriellen Zeiten). Das digitale Zeitalter macht Diskussionen, die vormals der IT zugeschrieben worden wären, zu universalen Problemen. Wir müssen weiter und umfassender nach Lösungen für die Probleme suchen, mit denen wir konfrontiert sind.

Fridays for Future liefert da einen wertvollen Beitrag und klärt über die Probleme auf, die wir gemeinsam bewältigen müssen. Starke weibliche Vorbilder wie Greta Thunberg oder Luisa Neubauer mischen mit, sind laut und scheuen sich nicht, auch unbequeme Fragen zu stellen. Sie bringen eine ganze Nation zum Nachdenken und motivieren (hoffentlich) eine neue Generation von männlichen und weiblichen Unternehmern dazu, sich dieser Klimaprobleme mit neuen Werkzeugen und Disziplinen anzunehmen. Wir müssen anfangen, Probleme zu lösen und sie nicht nur so klein wie möglich zu halten.

9. PSYCHOLOGIE: PERSÖNLICHE INVESTMENTENTSCHEIDUNGEN

Moneymaker: André Kostolany

Eines, was du von André Kostolany (1906–1999) lernen kannst, ist sicher seine Investmentphilosophie. Auch wenn er nicht als einer der erfolgreichen Investoren bekannt ist, sollte man sich sehr wohl mit seinen Büchern beschäftigen. Seine Vorhersagen waren oft richtig und seine Zitate und eindrucksvollen Beispiele und Vergleiche zum Thema Börse sind immer noch in aller Munde. Beispielsweise hat er die Dotcom-Blase im Jahr 2000 vorhergesehen! Legendär sind seine Spekulationen mit notleidenden Anleihen, mit denen er nach dem Krieg angeblich ein Vermögen gemacht hat.

Manch einer könnte behaupten, dass Kostolany nicht wirklich als Vorbild angesehen werden kann, doch eine Inspiration ist er allemal. Er gibt gerne zu, mehrmals bankrott und hochverschuldet gewesen zu sein. Insgesamt habe er bei seinen Spekulationen zu 49 Prozent verloren, aber zu 51 Prozent gewonnen – und von der Differenz ganz gut gelebt.

Kostolany stammte aus Ungarn, hatte aber die US-amerikanische Staatsbürgerschaft. Er hatte im Laufe seines Lebens – zum Teil gleichzeitig – viele verschiedene Berufe: Journalist, Schriftsteller, Börsenspekulant, Entertainer und Finanzexperte. Interessanterweise hat er sich selbst nie als Investor bezeichnet, sondern immer als Spekulant.[1]

In der *FAZ* wurde dieser Begriff einmal hervorragend definiert: Ein Spekulant geht »keine blinde Wette ein, vielmehr kalkuliert er sein Risiko genau. Er beschafft sich die besten Informationen, die zu haben sind, und beobachtet die Märkte gewissenhaft, um die künftige Preisentwicklung möglichst präzise vorhersehen zu können. Für seine Mühe fordert der Spekulant einen Preis, den Gewinn. Denn sein Risiko ist groß: Schätzt er die Preisentwicklung falsch ein, verliert er viel Geld.

Anders als dem Investor geht es dem Spekulanten ausschließlich ums Geld – er will keine Autos bauen, keine Container von A nach B verfrachten, weder Gold noch Wolkenkratzer besitzen. Vielleicht wurde er gerade deshalb zum Feind des Volksempfindens: Wer keine Werte schaffe, solle auch nichts verdienen, heißt es.« [2]

Aber zurück zu Kostolany: Am Anfang seines Lebens hatte er überhaupt nichts mit Börsen und Wertpapieren zu tun. Er zog es vielmehr vor, gegen den Willen seines Vaters Philosophie und Kunstgeschichte zu studieren. Erst Mitte der 1920er-Jahre begann er eine Lehre bei einem französischen Börsenmakler und sammelte als Makler und Berater erste Erfahrungen in Paris. Kostolanys Philosophie ist von einer profunden Abneigung gegen die klassische Volks- und Betriebswirtschaftslehre gekennzeichnet. Er war davon überzeugt, dass es drei Gs zu beachten gibt, wenn man erfolgreich handeln will:

1. Geld
2. Geduld
3. Gedanken

»Unter Geduld verstehe ich die Nerven, nicht auf jedes kleine Ereignis heftig zu reagieren. Wer Gedanken hat, handelt intellektuell – nicht unbedingt richtig oder falsch, aber doch mit Überlegung und Vorstellungskraft. Es genügt nicht, Geduld zu haben, wenn man über kein Geld verfügt. Geld allein nützt auch nichts, wenn man keine Geduld hat. Und wenn man keine Geduld hat, kann man nicht abwarten, bis sich die Gedanken verwirklichen. Und wer keine Gedanken hat, kann auch mit Geduld nichts anfangen«, so Kostolany. [3]

Die drei Gs sind also untrennbar miteinander verbunden. Würde man auch nur einen von diesen Punkten missen, würde man laut Kostolanys Definition mit sogenannten »zittrigen Händen« handeln. Was bedeutet das? Kostolany sah am Markt zwei Typen von Anlegern: einmal welche, die mit einer zittrigen Hand spielen und sich von Angst und anderen Emotionen leiten lassen, und dann die Hartgesottenen, die sich nicht von der Euphorie des Marktes beeinflussen lassen. Im Falle eines Booms befindet sich der Markt in zittrigen Händen. Kostolanys Ansicht nach würden diese Anleger aber schon sehr bald verkaufen. Sobald die Preise für die Aktien wieder tief genug sind, kaufen dann die Geduldigen.

»Weil die verschiedenen Phasen der Aufwärts- und Abwärtsbewegung einander ablösen, stelle ich sie in einem Kreisel dar, den ich das Ei des Kostolany genannt habe.«

André Kostolany[4]

Psychologie: persönliche Investmententscheidungen

Für ein besseres Verständnis sorgt das sogenannte »Ei des Kostolany«. Anhand dieser Grafik lässt sich erkennen, wann Kostolany dazu raten würde zu kaufen oder zu verkaufen[5]. Jeder Bären- oder Bullenmarkt besteht für Kostolany aus drei Phasen. »Diese Phasen ergeben zusammen das Ei des Kostolany: Phase der Korrektur, Phase der Begleitung und die Phase der Übertreibung.

A1: Phase der Korrektur (kleiner Umsatz, Zahl der Aktienbesitzer gering)
A2: Phase der Begleitung (Umsatz und Zahl der Aktienbesitzer steigend)
A3: Phase der Übertreibung (Stimmung wird euphorisch, Zahl der Aktienbesitzer ist hoch, bei X am höchsten)
B1: Phase der Korrektur (kleiner Umsatz, Zahl der Aktienbesitzer geht langsam zurück)
B2: Phase der Begleitung (Umsatz ist steigend, Zahl der Aktienbesitzer nimmt weiter ab)
B3: Phase der Übertreibung (ganz großer Umsatz, Zahl der Aktienbesitzer ist niedrig, bei Y am niedrigsten)«[6]

Dabei gibt Kostolany folgende Verkaufsempfehlungen: Man sollte in der Phase A1 und B3 kaufen, in der Phase A2 abwarten und die Papiere halten. In den Phasen A3 und B1 verkaufen und zu guter Letzt abwarten und das Bargeld halten in der Phase B2.[7]

Was lernen wir daraus? Der Hartgesottene, der langfristig zu den Gewinnern an der Börse zählt, »verfügt über die vier Gs: Geld, Gedanken, Geduld – und natürlich auch Glück«.[8] Weder als Spekulant noch als Investor darfst du dich von Emotionen leiten lassen. Vielmehr sollte dein Handeln von deinen Analysen gelenkt werden. Also niemals den Kopf verlieren!

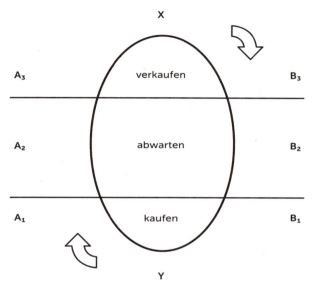

Das Ei des Kostolany

Moneymaker: Warren Buffett

Das allererste Mal habe ich bei der Lektüre eines Magazins von Warren Buffett gehört. *Forbes* veröffentlicht jedes Jahr eine Liste mit den reichsten Menschen der Welt. Und ich konnte meist nachvollziehen, wie es zu den Platzierungen kam – mit einer Ausnahme. Ich konnte verstehen, wieso Bill Gates vertreten war – na wegen Microsoft. Ich konnte verstehen, warum Jeff Bezos so weit oben stand – wegen Amazon! Das waren Unternehmen, die ich kannte und die eine gewisse Relevanz in meinem eigenen Leben hatten. Doch bei einem Unternehmen konnte ich mir überhaupt nichts vorstellen und auch nicht erklären, wie dieser Mann so reich geworden war: Warren Buffett und sein Unternehmen Berkshire Hathaway waren mir ein Rätsel. Wie konnte

Psychologie: persönliche Investmententscheidungen

dieser Mann ein Unternehmen gegründet haben, von dem ich bis dato nichts gehört hatte? Zumal er damit so viel Geld gemacht hatte, dass er es an die Spitze der Liste geschafft hatte? Ich begann mit meinen damals zarten 15 Jahren nachzuforschen und wollte alles über diesen Mann erfahren.

Warren Edward Buffett wurde am 30. August 1930 in Omaha (Nebraska, USA) als Sohn eines Brokers geboren. Er war noch ein Baby, als sein Vater, ein Aktienhändler, in der Großen Depression arbeitslos wurde. Die Familie hatte so wenig Geld, dass die Mutter auf Mahlzeiten verzichtete, um die Kinder satt zu bekommen. Warren war sechs, als er seine Karriere mit dem Verkauf von Cola-Flaschen begann. »Schon als Kind hatte er nur ein Ziel«, schreibt sein Biograf Roger Lowenstein, »den alles beherrschenden Wunsch, sehr, sehr reich zu werden.«[9]

Die Tatsache, dass er diesen Wunsch bereits in so frühen Jahren hatte, ist für mich ein Zeichen, dass es ihm nicht darum ging, mit dem Geld anzugeben und sich Statussymbole zu kaufen. Er verbindet kein Glücksgefühl mit Geld, wenngleich es für seine Kunden unglaublich wichtig ist, wie viel er für sie verdient. Mit zehn Jahren hatte er die meisten Kapitalanlage-Bücher in der Stadtbibliothek bereits zweimal gelesen, er trug Zeitungen aus und verkaufte gebrauchte Golfbälle. Bereits in der Schul- und Studienzeit begann er, in Aktien zu investieren und sich mehrere Beteiligungen aufzubauen.

Buffet erwarb 1951 an der Columbia University in New York den Master in Economics. Hier war einer seiner Lehrer der »Vater der Fundamentalanalyse«, Benjamin Graham. Im Anschluss war er für Benjamin Grahams Investmentfirma an der New Yorker Wall Street tätig. Nachdem sich Graham 1956 ins Privatleben zurückgezogen hatte, gründete Buffett 1956 mit 25 Jahren mit der Buffett Partnership in Omaha seine erste Kommanditgesellschaft. Obwohl der Dow Jones in fünf der nächsten 13 Jahre fiel, vermehrte er das Geld um knapp 30 Prozent jährlich. Kein Wunder, dass immer mehr bei ihm investieren wollten. 1962 begann er außerdem, Aktien von notleidenden Firmen zu kaufen. So auch die einer Textilfirma namens Berkshire Hathaway und wandelte sie in eine Holding um. Damit begann eine Erfolgsgeschichte, die inzwischen 40 Jahre währt und legendär geworden ist. Seitdem ist der Aktienkurs um rund 750 000 Prozent gestiegen. Und Buffett wurde zum Mythos.

Aber was genau feiern die Fans so an ihm? Warren Buffett hat über die Jahrzehnte zahlreiche Nachahmer und Fans auf der ganzen Welt gewonnen. An dieser Stelle vielleicht eine kleine Geschichte von mir. Auch ich sehe ihn als Inspiration. Ich war damals tatsächlich so fasziniert von der Tatsache, dass er bereits so jung angefangen hat zu arbeiten, dass ich meine eigenen Pläne entwarf. Ich blieb in zahlreichen Schulnächten auf und feilte an Businessplänen oder entwarf neue. Dabei freute ich mich nicht unbedingt über das extra Einkommen, das ich als Ergänzung zu meinem wenigen Taschengeld natürlich zu schätzen wusste, sondern über das Aufgehen des Businessplans. Ich schmiedete Pläne, wie ich meine Freunde in der großen Pause dazu bringen konnte, Wetten abzuschließen. Ich stellte eine Jobbörse online und vermittelte Stellenanzeigen weiter, in denen SchülerInnen für bestimmte Jobs gesucht wurden. Wenn ich nicht genug Stellenanzeigen in den Zeitungen oder online fand, nahm ich mein Fahrrad und fuhr mit meiner besten Freundin durch die Nachbarschaft. »Guten Tag, wir sind Jaff Jobs und wir vermitteln Jobs an Schüler und Studenten. Brauchen Sie vielleicht jemanden, der Ihnen unter die Arme greift im Garten, im Haushalt oder mit den Kindern? Wir sind Ihr Team«, sagte ich mit meiner besten Verkäuferstimme und drückte jedem den Flyer mit unserer Internetadresse und meiner privaten Telefonnummer in die Hand. Oft wurden wir abgewiesen, aber manchmal haben die Leute auch angebissen und waren sehr froh über unser Angebot. Im Durchschnitt mussten wir an zwölf Türen klingeln, um eine Zusage zu erhalten. Das war natürlich hart, aber wir machten jeden Nachmittag da weiter, wo wir am Vortag aufgehört hatten.

Warren Buffetts Geschichte weckte den Unternehmergeist in mir. Dass ich mich bereits früh mit solchen Themen auseinandersetzen konnte, hat mir viele Wege eröffnet. Ich fühlte mich sehr viel selbstbewusster und war unglaublich stolz auf den allerersten selbst verdienten Euro. Aber zurück zu Buffett und seinem Business!

Nach was für einem Prinzip handelt er und was genau macht ihn so erfolgreich? Buffett kauft Aktien gerne möglichst unterbewertet. Dafür muss er schätzen, was ungefähr der innere Wert der Aktie ist, sprich wie viel Rendite in der Zukunft realistisch erwartet werden kann. Dann schaut er, ob dieser Wert unterboten wird – also ob die Aktie ihn weniger kostet, als sie eigentlich wert ist.[10] Und Buffett kauft nur dort, wo er das Geschäftsmodell vollkommen durchblickt. Das nennt er »Kompetenzradius«[11]. Ihm liegt viel an geringen Schulden, hoher Kapitalrendite und einer guten Führungsmannschaft.

Vielleicht nickst du jetzt und denkst dir: »Ja, das kann ich gut nachvollziehen«, aber all das in die Realität umzusetzen, ist dann doch eine andere Geschichte. Zumindest bin ich nicht der Mensch, der am Tag mehrere Stunden damit verbringen möchte, eine Aktie zu analysieren. Buffett propagiert seit Jahren, dass ETFs (*exchange-traded funds*, zu Deutsch: börsengehandelte Fonds) vor allem für eine bestimmte Gruppe von Menschen eine hervorragende Anlageform sind. Und zwar für all die, die aufgrund mangelnder Expertise Schwierigkeiten mit Aktienbewertungen haben oder denen der Wille und die Zeit fehlen, sich intensiv mit der Thematik auseinanderzusetzen.

»*Wenn du kein aktiver Investor bist – und nur seh[r wenige]
Menschen sollten das versuchen –, dann solltest du In[dexfonds]
kaufen. Und zwar Indexfonds mit niedrigen jährli[chen Kos]-
ten. Und nicht alle auf einmal, sondern immer mal wieder.*«

Warren Buffett[12]

Ich möchte dir kurz erklären, was genau ein ETF ist und warum es sich lohnt, sich damit auseinanderzusetzen. Als ich noch jünger war und mich informieren wollte, in was ich denn investieren könnte, habe ich ein altes Buch von Janet Bamfort mit dem Titel *Clever Kohle machen: Der Aktien-Guide für Jugendliche* gelesen. Darin gab es Ratschläge für den ersten Aktienkauf. Empfohlen wurde, einen Bankberater aufzusuchen und ihn zu bitten, Fonds vorzuschlagen. Das tat ich. Ich rief bei der örtlichen Sparkasse an und ließ mir lang und breit erklären, was ein Fonds ist. Zu meiner Überraschung hat der Mann das ziemlich gut hingekriegt. Er sagte sinngemäß: »Ein Aktienfonds ist quasi ein Korb, der mehrere Aktien beinhaltet. Indem Sie einen Anteil an diesem Korb kaufen, investieren Sie automatisch in alle Aktien, die in dem Korb liegen. Es gibt Fonds, die bestimmte Branchen abdecken, sie beinhalten beispielsweise die Aktien mehrerer Automobilhersteller. Manche decken auch die größten Firmen eines Landes ab, wieder andere mischen Aktien und Rohstoffe oder Immobilien. Da gibt es allerlei Varianten auf dem Markt.«

Während mein Berater mich über die verschiedenen Formen aufklärte, hatte ich bereits die perfekte Analogie in meinem Kopf. Wenn ich im Drogeriemarkt Schminke einkaufen wollte, machte eine Palette mit verschiedenen Lidschattenfarben mehr Sinn, als nur eine Farbe zu nehmen. Auch bei den Lidschattenfarben konnte ich mich für verschiedene Paletten entscheiden, ob sommerlich bunt oder herbstlich braune Töne, die Entscheidung lag bei mir.

»Ja okay, das verstehe ich noch so weit. Eine einzige Aktie zu kaufen, ist bei mir nicht sinnvoll, weil ich noch nicht so gut einschätzen kann, wie der Kurs verlaufen wird, und ich könnte diese Einschätzung noch viel schlechter vornehmen bei 100 eigenen Aktien«, schloss ich aus dem Gespräch.

»Ganz genau. Jetzt können Sie sich aber noch entscheiden. Wollen Sie in einen aktiven oder passiven Fonds investieren? Bei dem einen wählt jemand für sie die Aktien aus und legt sie in den Korb und bei dem anderen wird einfach nur die Branche nachgebildet«. Mir wurde ganz mulmig. In meiner Analogie würde das heißen, dass ich die Wahl hätte, einen Make-up-Stylisten einzustellen oder selbst zu entscheiden, wie ich mich schminke. Ich dachte kurz nach. »Würde mich der Stylist ... äh der Fondsmanager was kosten?«, fragte ich vorsichtig. »Ja, auf jeden Fall. Der Fondsmanager versucht ja, eine bessere Rendite für Sie zu bekommen und dadurch den Markt zu schlagen«, sagte er. »Und gelingt ihm das?«, erwiderte ich. »Ja nun, das ist manchmal gar nicht so einfach zu sagen. Er versucht es zumindest«, gab er zu.

Heute weiß ich es durch Madame Moneypenny besser. Tatsache ist: Auch Fondsmanager können nicht in die Zukunft blicken. Der Großteil aller Prognosen, die man beispielsweise im Fernsehen oder in Magazinen liest, ist schlichtweg falsch. Es gibt verschiedene Studien, die belegen, dass Vorhersagen nicht besser sind als der pure Zufall. Der amerikanische Psychologe Professor Philipp Tetlock hat in den 1980er-Jahren sogenannte Experten gebeten, Zukunftsprognosen und Trends à la »Wo steht der Ölpreis in zwei Jahren« abzugeben und hat diese später ausgewertet. Dabei teilt er die Experten in zwei Lager: Füchse und Igel. Füchse verfügen über ein breites Wissen und zeichnen sich durch eine größere Demut vor der Zukunft aus, während Igel auf ein spezielles Thema fokussiert sind und »eine große Idee« verfolgen. Folgendes kam dabei heraus: Alle Prognosen waren kaum besser als der Zufall. Und die Füchse, also die Generalisten, schlugen sogar die Igel. Das klingt erst mal komisch, denn Igel beschäftigen sich schließlich den ganzen Tag mit ihrem Thema. Doch genau da liegt das Problem. Spezialisten überschätzen sich häufig und leiden an der sogenannten Overconfident Bias, an systematischer Selbstüberschätzung. Sie bewegen sich in immer denselben Kreisen, lesen die gleichen Zeitschriften und Bücher und haben keine Konversation mit der Welt außerhalb ihrer Blase.

Zwar haben die Füchse tatsächlich etwas besser abgeschnitten, doch es war auch kein großer Unterschied. Fazit: Niemand kann in die Zukunft schauen. Mein Bauchgefühl leitete mich damals in die richtige Richtung: »Wenn der Fondsmanager mir keinen größeren Gewinn garantieren kann, nehme ich lieber die andere, passive Alternative. Wer entscheidet da eigentlich, welche Aktien genau reinkommen?«, bohrte ich nach.

»Diese passiven Fonds oder ETFs heißen so, weil niemand sie aktiv managt und sie einfach nur ein Spiegel verschiedenster Indizes sind. Die Arbeit erledigen also die Computer und Algorithmen für Sie. Diese Fonds könnten zum Beispiel einfach den DAX teilweise nachbilden und Sie darin passiv investieren lassen«[13], klärte mein Berater mich auf und verwies mich auf die Kursentwicklung des DAX – eine steigende Linie. So fing meine kleine Lovestory mit ETFs an.

In seinem jährlichen Aktionärsbrief verriet Warren Buffett einmal, was für einen Ratschlag er seiner Frau für den Fall seines Todes gegeben hatte. Das geerbte Geld solle sie zu 90 Prozent in Indexfonds anlegen und den Rest in Staatsanleihen investieren. Das heißt, sie solle sich gar nicht erst damit beschäftigen, welche Aktien sie im Detail kaufen wolle und sich nicht mit komplizierten Portfolio-Strukturen herumschlagen. Ein ETF, der den S&P 500 nachbildet, ist laut Warren Buffett also gut genug. [14]

e: persönliche Investmententscheidungen

...u wirklich breit aufgestellt sein möchtest, ... sehr viel Sinn machen, in einen ETF zu investieren, der ebenfalls marktbreit aufgestellt ist.[15] Solltest du genauso wie Warren Buffett anlegen wollen, ohne dir vorher 50 Jahre Wissen anzulesen, kannst du das. Es gibt einen ETF, der genau seine Investitionsart bzw. seinen Stil nachahmt und relativ ruhig investiert: der iShares Edge S&P 500 Minimum Volatility UCITS ETF (WKN: A1J784).[16] Der Fonds ist natürlich sehr beliebt unter Anlegern. Doch aufpassen. Wie bei jedem Finanzprodukt gibt es auch da Nachteile. Abby Joseph Cohen, die leitende Anlagestrategin von Goldman Sachs steht dem ETF-Trend allgemein kritisch gegenüber. Ihr bereitet Sorge, dass viele ETF-Investoren sich gar nicht mehr die Zeit nehmen, bei den einzelnen Unternehmen ins Detail zu schauen und zum Beispiel deren Bewertung zu checken. Das könnte schnell dazu führen, dass man Unternehmen nebenher mitfinanziert, die es gar nicht verdient hätten.[17]

Auch die Bank für Internationalen Zahlungsausgleich (BIZ) mit Sitz im schweizerischen Basel warnt vor ETFs. »Als Risikofaktor gilt den Baslern jetzt: Wenn niemand mehr börsennotierte Unternehmen bewerte, weil alle passiv investieren, würden die Kurse von Aktien sehr ähnlich laufen und kaum noch Qualitätsunterschiede zwischen Unternehmen an der Börse sichtbar.«[18]

Dass niemand sich mehr die Mühe macht, wirklich in die Details zu schauen, kann auch daran liegen, dass es bei manchen ETFs nicht klar genug ist, in was genau investiert wird. Um da transparenter zu werden, geben Anbieter von ETFs nun häufig mehr Details preis, wie einzelne Fonds aufgestellt sind.[19] Also, immer schön reinschauen, bevor du investierst.

> Wenn Donald Trump mal wieder auf die Twittertasten haut und zum Beispiel auf Unternehmen wie Boeing oder Toyota losgeht, fallen deren Kurse. Der Trump-&-Dump-Bot ist ein Algorithmus, der von diesen emotionalen Schwüngen des Präsidenten getriggert wird und Aktien der genannten Unternehmen kauft und verkauft.[20]

Warum hat Warren Buffett es in unsere Moneymaker-Liste geschafft? Er ist anders als die anderen reichen Menschen da draußen und sein Lebensstil ist meines Erachtens immer noch sehr bescheiden. Er findet sich stets in den Top 10 der reichsten Menschen auf der Welt wieder und lebt dennoch nicht in einer Villa, sondern in demselben Haus wie vor 40 Jahren.[21] Er braucht keine Statussymbole wie sehr teure Autos, Kleidung oder Villen. Auch seine Kinder sollen sich nicht auf seinem beruflichen Erfolg ausruhen, sondern ihre eigenen Wege gehen, sich selbst finden und ihr eigenes Geld verdienen. Buffett hat die Idee einer »Elite« in Amerika nie gemocht. Er hat sich beispielsweise ganz offen gegen Steuerbegünstigungen für die Reichen ausgesprochen, obwohl er von genau diesen sehr viel profitiert hätte. Er gibt auch zu, dass er lange gebraucht hat, um herauszufinden, was er mit dem ganzen verdienten Geld anstellen soll. So kam es aber schließlich dazu, dass er einen beachtlichen Teil seines Vermögens an die Bill and Melinda Gates Foundation gespendet hat und somit hilft, den Welthunger und die Armut auf der Welt zu bekämpfen. »Ich wollte es einfach tun«, sagt er. »Der freie Markt ist ein gutes System für dieses Land. Es hat auch für mich gut funktioniert. Für die Armen in der Welt aber funktioniert dieser freie Markt nicht.«[22]

10. WICHTIGE INFORMATIONEN FÜR DEN WEG ZUM MONEYMAKER

Kleines Lexikon für Finanz-Chinesisch

Wenn du dich zum Moneymaker entwickeln willst, ist es wichtig, eine neue Fremdsprache zu lernen: Finanz-Chinesisch! Ich habe versucht, dir in diesem Buch komplizierte Geschehnisse einfach zu erklären. Doch in der freien Wildbahn werden dir wahrscheinlich sehr schnell Begriffe um die Ohren fliegen, die du nicht kennst. Um diesen Fachbegriff-Dschungel zu überleben, habe ich die wichtigsten Dinge hier noch einmal zusammengefasst und in drei Stufen eingeteilt: Basic, Intermediate und Expert.

```
Mo' money,
mo' problems.

         Notorious B.I.G. ft Puff
                     Daddy, Mase
```

Falls du also beim Lesen des Buches oder bei der Beschäftigung mit Finanzdingen Probleme haben solltest, etwas zu verstehen, kannst du in diesem Kapitel nachschauen, dir Informationen holen und dich mit dem nötigen Vokabular ausstatten.

Basics

Aktie und Aktiengesellschaft (kurz: AG)
Manche Firmen entscheiden sich dazu, Aktien auszugeben. Die Unternehmensform einer solchen Firma nennt man dann Aktiengesellschaft. Das bedeutet, dass das Firmenkapital in viele kleine Portionen aufgeteilt wird. Wer eine Aktie kauft, erwirbt damit eine Portion vom Firmenkapital. Wenn die Firma erfolgreich weiterwächst und dadurch »wertvoller« wird, steigt auch der Wert, den die Aktie hat. Wer viele Aktien von einer Firma hat, besitzt einen größeren Teil der Firma bzw. ihres Stammkapitals. Sogenannte Großaktionäre mit besonders vielen Aktien haben die Möglichkeit, auf die Entwicklungen der Firma Einfluss zu nehmen. Aktien werden auch Wertpapiere oder Anteilsscheine genannt.[1]

Aktionär
Hoffentlich einmal du! Jeder, der eine Aktie besitzt, ist ein Aktionär.

Aktienchart
Auf einem Aktienchart wird grafisch dargestellt, wie sich der Wert einer Aktie entwickelt. An der x-Achse steht die Skala für den Wert und an der y-Achse der zeitliche Verlauf. So sieht man auf einen Blick, ob ein Aktienkurs in letzter Zeit gestiegen oder gefallen ist.

Aktienfonds

Ein Fonds ist ein Finanzprodukt aus mehreren Teilen. Im Falle eines Aktienfonds sind diese Teile ausschließlich Aktien. Man kauft also statt einzelner Aktien gleich ein Komplettpaket mit mehreren Aktien. Viele Fonds werden aktiv gemanaged, das heißt, ein Fondsmanager kauft und verkauft Teile des Pakets, um insgesamt möglichst hohe Gewinne zu erzielen.

Aktiengewinn

Wer eine Aktie kauft, tut das natürlich nicht einfach so zum Spaß. Jeder hofft, dass er damit Geld verdient. Die Grundidee beim Börsenhandel ist, eine Aktie zu einem günstigen Kurs zu kaufen, abzuwarten, bis der Kurs (hoffentlich) steigt und die Aktie dann zu dem höheren Preis zu verkaufen. Die Differenz ist dann der Gewinn.

Aktienkurs

Jede Aktie hat ihren Preis bzw. Kurs, zu dem sie gehandelt wird. Der Wert des Aktienkurses wird in einer Währung angegeben, in Deutschland meist in Euro, in den USA in Dollar usw. Die Aktienkurse sind sehr dynamisch und ändern sich ständig, je nachdem, welche Erwartungshaltung die Börsianer an die zukünftige Entwicklung des Aktienkurses haben und wie viele der entsprechenden Aktien sie deshalb kaufen oder verkaufen.[2]

Anleihen

Anleihen funktionieren so, dass man einem Staat oder einer Firma für eine gewisse, vorher festgelegte Zeitspanne Geld leiht und dafür Zinsen bekommt. Anleihen sind meist mit relativ wenig Risiko verbunden, bringen aber auch nur überschaubare Gewinne. Es gibt allerdings Anleihen mit hohen Zinsen, zum Beispiel in Krisenstaaten. In dem Fall kann es aber passieren, dass man am Schluss kein Geld zurückbekommt.

Börse

Börsen sind der Markt für Aktien und andere Wertpapiere, das heißt dort werden Aktien & Co. gehandelt, also gekauft und verkauft. Der Wertpapierhandel ist an verschiedenen Börsenplätzen möglich. Zum einen gibt es »echte« Börsen, in Deutschland zum Beispiel allen voran die Frankfurter Börse, es gibt aber auch in München, Hamburg, Hannover, Düsseldorf, Berlin und Stuttgart welche. Zum anderen existieren elektronische Börsen, in denen Finanzgeschäfte vollautomatisch durch Computer getätigt werden. Die bekanntesten Vertreter sind in Deutschland die Xetra und in den USA die sogenannte Nasdaq.

Börsencrash

Von einem Börsencrash spricht man, wenn sehr viele wichtige (wenn nicht sogar alle) Kurse in kürzester Zeit enorm fallen. Meistens geht dies damit einher, dass die Menschen das Vertrauen in den Markt verlieren und sie das Gefühl haben, dass ihr Geld nicht mehr sicher angelegt ist. Oft passiert ein Crash nach einer sogenannten Spekulationsblase (siehe Seite 32).

Bullen- und Bärenmarkt

Der Bulle ist das Symbol für steigende Kurse – er stößt nämlich die Hörner beim Angriff nach oben. Der Bär macht einen Buckel und haut mit seiner Tatze nach unten – also fallende Kurse. Ein Bullenmarkt herrscht immer dann, wenn über mehrere Monate oder Jahre viele wichtige Aktien steigen, und ein Bärenmarkt, wenn viele Aktienkurse sinken. Es gibt dazu auch die Adjektive bullisch und bärisch, also steigend bzw. sinkend.

DAX

Der DAX ist der größte deutsche Aktienindex und beinhaltet die 30 wichtigsten deutschen Aktiengesellschaften. Dazu gehören zum Beispiel bekannte Konzerne wie die Deutsche Telekom, Henkel, Bayer, die Deutsche Börse, BMW und Volkswagen. Der DAX wird wegen seiner wichtigen Rolle für den Deutschen Markt auch als Leitindex bezeichnet.[3]

ETF

ETF ist die Abkürzung für *exchange-traded fund* (börsengehandelter Fonds). ETFs entsprechen in ihrer Zusammensetzung normalerweise einem bestimmten Index, zum Beispiel dem DAX oder Dow Jones. Da das mit dem aktiven Managen der Fonds durchaus danebengehen kann, sind ETFs die sichere Variante, denn solange die Wirtschaft insgesamt wächst, legen auch die ETFs weiter zu. Das Verlustrisiko ist also geringer, dafür sind aber die Gewinne bescheidener.

Index

Index bezeichnet eine Gruppe von Aktien, die gemeinsam betrachtet werden. Ein Index wird in Punkten gemessen. Die Anzahl der Punkte zeigt an, wie viel die Aktien insgesamt wert sind. Bekannte Indizes sind zum Beispiel der DAX in Deutschland oder der Dow Jones in den USA.

Inflation und Deflation

Der Wert von Geld ist veränderlich und kann daran gemessen werden, wie viel man sich dafür kaufen kann. Wenn der Wert des Geldes sinkt, nennt man das Inflation, steigt er, heißt das Deflation. Bekomme ich normalerweise für 100 Euro 100 Brötchen, kann ich im Falle einer Inflation für das gleiche Geld plötzlich nur

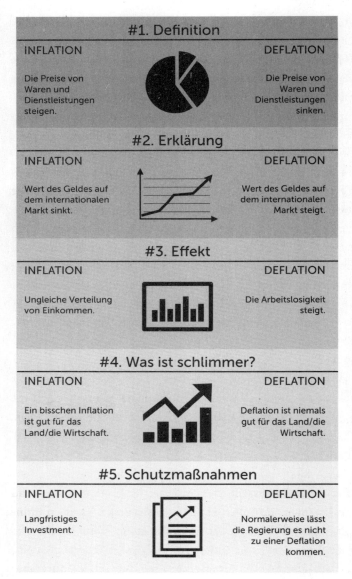

Grafik inspiriert von: www.wallstreetmojo.com

noch 80, 50 oder sogar lediglich fünf Brötchen kaufen. Bei einer Deflation erhalte ich entsprechend mehr Brötchen. Eine leichte Inflation ist normal und sollte normalerweise durch steigende Löhne ausgeglichen werden. Kommt es zu einer großen Inflation wie 1923 in Deutschland, kann das bedeuten, dass plötzlich keiner mehr genug Geld hat, um Essen und Miete zu bezahlen – eine Katastrophe. Deflation klingt zwar auf den ersten Blick toll – hey, ich kann mir mehr kaufen –, aber für die Wirtschaft ist sie problematisch. Keiner investiert mehr, es wird weniger konsumiert, weil alle darauf warten, dass die Preise noch weiter fallen. In der Folge wird weniger produziert und Arbeitsplätze werden gestrichen.

Rendite
Wenn du das Wort Rendite hörst, kannst du es in deinem Kopf einfach mit Gewinn gleichsetzen. Die Rendite wird meistens in Prozentzahlen angegeben und gemeint ist der jährliche Ertrag. Also mit ganz einfachen Worten erklärt: Rendite = Aktiengewinn in Prozent.

Trading
Mit Trading ist im Grunde das Kaufen und Verkaufen von Börsenwerten wie Aktien und anderen Finanzprodukten gemeint. Vereinfacht gesagt wird damit also der Handel an der Börse bezeichnet.

Dabei kann man kurzfristig oder langfristig agieren. Wenn man auf lange Sicht handeln möchte, kauft man Aktien und Wertpapiere mit dem Ziel, diese möglichst lange zu halten (mindestens ein paar Jahre). Kurzfristiges Trading: Werte werden nur wenige Tage oder sogar nur Stunden bzw. Minuten gehalten. Natürlich gibt es auch immer ein Zwischending – du kannst selbst entscheiden, wie oft oder in welchem Stil du investierst.

Wall Street
Die Wall Street ist zunächst einmal eine Straße. Sie ist etwa 600 Meter lang und befindet sich in New York, im Stadtteil Manhattan. An dieser Straße liegt die US-amerikanische Börse New York Stock Exchange (NYSE), zu der auch die größte Computerbörse, der Welt, Nasdaq, gehört. Sie ist das Herz des amerikanischen Aktienhandels und der ganzen Finanzbranche. Deshalb ist »Wall Street« heute auch ein Synonym für die Finanzbranche.[4]

Wertpapier
Mit Wertpapier werden verschiedene Finanzinstrumente bezeichnet, allen voran die Aktien. Aber es gibt auch noch Anleihen, Optionsscheine, Zertifikate, Genussscheine und Investmentfonds. Früher waren Aktien noch aus echtem Papier und sahen ein bisschen aus wie große Geldscheine mit vielen kunstvollen Schnörkeln zur Verzierung und um das Fälschen zu erschweren. Und da jedes dieser Papiere bares Geld wert war, entstand der Begriff Wertpapiere.

Xetra
Xetra ist das elektronische Handelssystem der Frankfurter Börse. Bei Xetra kann man per PC Aktien kaufen und verkaufen. Der größte Teil des Aktienhandels in Deutschland läuft heutzutage über das Xetra-System.[5]

Intermediate

Aktien-, Fundamental- und technische Analyse
Fundamentalanalyse und technische Analyse sind zwei Arten von Aktienanalyse. Aktienanalyse bedeutet, dass man durch Datenanalyse versucht, Anhaltspunkte dafür zu finden, wie sich ein Aktien-

kurs in der Zukunft entwickeln wird. Wer Aktien kaufen möchte, sucht natürlich vor allem nach Unternehmen, deren Aktien langfristig steigen. Bei der Fundamentalanalyse werden dazu verschiedene Fundamentaldaten betrachtet wie das Kurs-Gewinn-Verhältnis. In der technischen Analyse oder Chartanalyse werden dagegen die Kurse selbst als grafische Darstellungen, Charts genannt, untersucht und es wird versucht, anhand bisheriger Schwankungen auf zukünftige Entwicklungen zu schließen. Eine besondere Form davon ist die Candlestickanalyse, bei der der Kurs mit kerzenförmigen Balken, sogenannten candlesticks dargestellt wird.

Börsenpsychologie
Die Börsenpsychologie dreht sich um die Stimmung und das Verhalten von Anlegern an der Börse. Börsenkurse sind nämlich stark abhängig davon, wie sich die Anleger am Markt fühlen. Deswegen hört man auch oft in den Nachrichten »XY macht die Anleger nervös/optimistisch« und Ähnliches.

Broker
Als Privatanleger brauchst du einen (Online-)Broker, der in deinem Namen die Geschäfte für dich an der Börse abwickelt. Dafür erheben die meisten Broker eine Gebühr, auch Brokerage genannt.

Depot
Ein Depot ist ein digitaler Aufbewahrungsort für deine Aktien, ETFs und Anleihen.

Derivate
Ein Derivat ist ein weiteres Finanzprodukt, mit dem du handeln kannst. Die Entwicklung des Preises ist gekoppelt an den

eines anderen Finanzprodukts. Du könntest beispielsweise darauf wetten, dass eine Aktie fallen wird. Falls das wirklich eintritt, gewinnst du in dem Moment. Das Derivat ermöglicht es dir also, Finanzspekulationen zu machen.

Dow Jones

Der Dow Jones ist der älteste US-Aktienindex, den es heute noch gibt. Dow Jones ist dabei die Kurzform von Dow Jones Industrial Average (DJIA). Der Index bildet die Entwicklung der 30 größten börsennotierten Unternehmen in den USA ab. Zu den 30 Firmen gehören zurzeit zum Beispiel Walt Disney, Wal-Mart, Coca-Cola, Microsoft und McDonald's. Ob eine Firma im Dow Jones ist und an welcher Stelle sie steht, ändert sich natürlich immer wieder.[6]

MDAX

MDAX heißt ausgeschrieben Mid-Cap-DAX. Im MDAX sind die 60 Firmen vertreten, die auf den DAX folgen. Beispielsweise gehören dazu im Moment: Axel Springer, Fielmann, Hugo Boss und die RTL Group.[7]

Orderzusatz/Ordertyp

Wenn man Aktien kauft, gibt man bei seinem Broker eine Bestellung (Englisch: Order) auf. Dieser Order kann man einen Zusatz mitgeben. Die wichtigsten Orderzusätze sind Market, Limit und Stop. Die Market-Order wird mit hoher Priorität zum aktuellen Marktpreis ausgeführt. Bei der Limit-Order wird ein maximaler Kaufpreis festgelegt. Wenn die Kurse stark schwanken, kann man damit verhindern, dass man zu teuer kauft. Bei einer Stop-Order wird ebenfalls ein bestimmter Kaufpreis als Grenze festgelegt, allerdings wird ein Kauf (bzw. Verkauf) hier auch ausgelöst, wenn der Preis anschließend weiterschwankt. Der Preis kann also trotzdem noch höher als gewünscht ausfallen, aber man hat dennoch mehr Kontrolle als mit einer reinen Market-Order.[8]

Perfomance
Häufig liest man in Finanz- und Aktienberichten in Bezug auf eine Aktie oder ein anderes Wertpapier von einer »starken oder schwachen Performance« oder von »Top-Performern«. Damit ist gemeint, dass die Aktie selbst eine gute (oder auch schlechte) Leistung hingelegt hat, sprich gestiegen (oder gesunken) ist.

SDAX
SDAX ist die Abkürzung für Small-Cap-DAX. Im SDAX sind die 70 größten deutschen Aktien nach den DAX- und MDAX-Aktien vertreten. Meist sind das kleinere Firmen, die auch als Small Caps bezeichnet werden, derzeit zum Beispiel Xing, Sixt und Borussia Dortmund.[9]

Expert

CFDs
CFDs sind Finanzprodukte, mit denen man auf Kursbewegungen spekulieren kann, ohne dabei viel Geld investieren zu müssen, die aber auch mit hohem Verlustrisiko einhergehen. Die Abkürzung CFD steht für *contract for difference*, auf Deutsch: Differenzvertrag bzw. Differenzkontrakt. CFDs gehören zur Gruppe der Derivate, ihre Preisentwicklung ist also an die einer anderen Aktie (oder eines anderen Finanzprodukts) gekoppelt. So spekulierst du darauf, dass der Wert der Aktie, an die der CFD gekoppelt ist, steigt. Der Broker muss zu Vertragsende die Differenz zwischen aktuellem Wert und Basiswert ausbezahlen.[10]

Eigenkapitalrendite oder ROE (Return on Equity)

Das ist laut Warren Buffett eine der wichtigsten Kennzahlen, um ein Unternehmen zu bewerten.[11] Anhand dieser Zahl lässt sich erkennen, wie effektiv die Firma mit ihrem eigenen Geld umgeht. Sehr positiv ist es natürlich zu bewerten, wenn die Eigenkapitalrendite hoch ist.[12]

Emerging Markets

Als Emerging Markets werden die Finanzmärkte in den sogenannten Schwellenländern bezeichnet. Schwellenländer sind Länder, deren Volkswirtschaften sich in einem fortgeschrittenen Entwicklungsstadium befinden. Manchmal ist eine Investition hier besonders riskant oder auch besonders profitabel.[13]

Forex-Trading

Forex (FX) ist die Kurzform für *foreign exchange*, zu Deutsch Devisenhandel. Dabei wird eine Währung im Verhältnis zu einer anderen gehandelt. »Als Trader spekuliert man auf die Kursveränderung: Steigt oder fällt der Kurs einer Landeswährung gegenüber der Währung eines anderen Landes?«[14] Die eine Währung wird dann verkauft, um die andere zu kaufen. Man kauft zum Beispiel Dollars für seine Euros und verkauft sie wieder, wenn der Dollarwert gestiegen ist, bekommt also mehr Euros wieder zurück.

Gewinn einer Aktie

Wer überlegt, ob er in ein Unternehmen investieren will oder nicht, sieht sich oft den Gewinn je Aktie an und nicht den Gesamtgewinn des Unternehmens. Damit ist einfacher zu erkennen, wie profitabel das Ganze für den Aktionär sein wird. Der Gesamtgewinn von großen und erfolgreichen Firmen ist oft so hoch, dass er die Vorstellungskraft übersteigt.[15]

Gewinnwachstum

Als Jugendliche habe ich mich immer gefragt, warum Erwachsene so unzufrieden waren, wenn es in den Wirtschaftsnachrichten hieß, der Gewinn eines Unternehmens sei um 1 Prozent gestiegen. Diese Zahl beschreibt das Gewinnwachstum, sprich den prozentualen Zuwachs des Gewinns je Aktie von einem Geschäftsjahr zum nächsten. Ich dachte dabei nur: Na wenigstens ist der Gewinn gewachsen und nicht kleiner geworden! Erst später habe ich gelernt, dass es so eine Art ungeschriebenes Gesetz gibt, das lautet: Nur wer weiter wächst, bleibt auch am Markt. Das Ziel ist es also, immer ein möglichst hohes Gewinnwachstum vorweisen zu können, sonst würden die Investoren irgendwann unangenehme Fragen stellen. Sie würden vermutlich wissen wollen, was denn mit dem Gewinn vom letzten Jahr passiert ist. Wurde der Gewinn nicht sinnvoll ins Unternehmen reinvestiert? Haben die Manager ihre Aufgaben nicht richtig wahrgenommen und sich Fehler erlaubt? Sicherlich kann man sich auch fragen, inwiefern der Traum von diesem unendlichen Wachstum überhaupt realistisch ist.[16]

Hedgefonds

Ein Hedgefonds ist ein Fonds aus Aktien oder anderen Finanzprodukten wie Anleihen. Die Anlagestrategie besteht darin, eine möglichst hohe Rendite zu erzielen und dafür auch sehr riskante Spekulationen einzugehen. Es gibt keine gesetzlichen oder sonstigen Beschränkungen dafür, wie riskant diese Spekulationen sein dürfen. Man sollte sich also wirklich gut überlegen, ob man sein Geld einem solchen Risiko aussetzen möchte.

Hebel

Einen Hebel kann man im Derivatehandel einsetzen. Allerdings muss man sehr vorsichtig im Umgang damit sein. Der Hebel ist ein Multiplikator des Einsatzes, für den man kein echtes Geld hinterlegen muss. Wenn man gewinnt, bekommt man ein Vielfaches seines Einsatzes, wenn man verliert, hat man plötzlich ein Vielfaches an Schulden. Je höher der Hebel ist, desto höher steigen sowohl die Gewinnchancen als auch das Verlustrisiko. Wenn eine Aktie an einem Tag um 3 Prozent steigt, dann wäre ein Long-Derivat mit einem Hebel von 5 um (5 mal 3 Prozent) 15 Prozent gestiegen. Ein entsprechendes Short-Derivat wäre um 15 Prozent gefallen. Einen Hebel einzusetzen nennt man auch hebeln.[17]

IPO
Der Börsengang wird auf Englisch *initial public offering* – IPO – genannt. Bei diesem »ersten öffentlichen Angebot« werden interessierten Anlegern an der Börse Aktien eines Unternehmens zum Kauf angeboten.

KGV (Kurs-Gewinn-Verhältnis)
Das Kurs-Gewinn-Verhältnis, kurz KGV, bezeichnet das Verhältnis zwischen dem aktuellen Kurs einer Aktie und dem Jahresgewinn pro Aktie. Das KGV spiegelt die Anzahl der Jahre wider, die es dauern würde, bis ein Unternehmen bei konstanten Gewinnen seinen Börsenwert verdient hätte.[18] Ein KGV von 30 bedeutet also, dass es 30 Jahre braucht, bis ein Unternehmen so viel Gewinn erzielt hat, dass es den aktuellen Kurs »verdient« hat. Berechnet wird das KGV folgendermaßen:

$$\text{Kurs der Aktie} \div \text{Gewinn pro Aktie} = \text{KGV}$$

30 Jahre ergeben sich zum Beispiel, wenn eine Aktie 150 Euro wert ist und es jedes Jahr 5 Euro Gewinn gibt. Das ist aber ein ganz schön hoher KGV, also nicht so gut. Das Ergebnis ergibt sich »aus dem Unternehmensgewinn je Anteil. Der Unternehmensgewinn

resultiert aus dem Jahresüberschuss abzüglich außerordentlicher und periodenfremder Einflüsse, wie z. B. die Kosten für den Börsengang oder aber Erträge aus Verkäufen von Tochterunternehmen.«[19] Doch aufpassen! Diese Zahl allein sagt nichts über die Preiswürdigkeit aus, da sie in jeder Branche sehr unterschiedlich gehandhabt wird. Unternehmen aus derselben Branche lassen sich aber sehr gut damit vergleichen.[20] Der Umgang mit dem KGV ist nicht so einfach, wie es vielleicht scheint. Es gilt nämlich nur, solange das Unternehmen Gewinne macht, außerdem kann sich am Markt, in der Branche oder in der Firma immer etwas ändern, das auch Einfluss auf die Gewinnerwartung hat.[21]

Leerverkauf
Einen Leerverkauf, auch als *short selling* oder »short gehen« bezeichnet, tätigt man, wenn man das Gefühl hat, dass eine Aktie bald fallen wird. Dabei gewinnt man beispielsweise 10 Prozent, wenn die Aktie um 10 Prozent sinkt, das heißt, mit Leerverkäufen hast du die Möglichkeit, auf negative Kursveränderungen zu setzen. Der Mechanismus dahinter ist ein bisschen kompliziert. Man leiht sich eine Aktie, etwa von der Bank, und verkauft diese geliehene Aktie sofort (zum aktuellen Kurs), dann wartet man ab, ob die Aktie wirklich im Wert fällt, und kauft sie zum günstigeren Preis wieder zurück, nun kann man die geliehene Aktie an die Bank zurückgeben und behält den Gewinn (abzüglich einer Leihgebühr).[22]

Margin
Sobald man etwas hebeln möchte, kommt der Begriff Margin ins Spiel. »Margin ist der Betrag, der zur Eröffnung und Aufrechterhaltung einer gehebelten Handelsposition erforderlich ist.«[23] Es ist die Differenz zwischen dem vollen Wert der Position und

dem Kapital, das einem von einem Broker zur Verfügung gestellt wurde.

Marktkapitalisierung
Die Marktkapitalisierung ist der aktuelle Börsenwert eines Unternehmens. Sie wird folgendermaßen berechnet:

Anzahl der Aktien × Kurs = Marktkapitalisierung
Normalerweise bedeutet ein hoher Wert auch, dass es sich um eine große Firma handelt.[24]

Optionsscheine
Optionsscheine sind verbriefte Rechte, die du für einen bestimmten Zeitraum erwerben kannst. Du erwirbst die Option, deine Aktie zu einem bestimmten Zeitpunkt in der Zukunft für einen bestimmten Wert zu kaufen oder zu verkaufen, das heißt, du spekulierst zum Beispiel darauf, dass eine Aktie, ein Index oder eine Währung nach einer gewissen Zeit mehr wert ist als der Kaufpreis, den du angegeben hast, und machst durch den Unterschied zwischen den zwei Werten Geld.

Social Trading
Social Trading oder soziales Handeln ist eine neue Form der Geldanlage, bei der man von dem Wissen erfahrener Trader profitiert. Auf Social-Trading-Plattformen hat man die Möglichkeit, verschiedene Strategien von Tradern zu beobachten, zu kommentieren und, wenn man möchte, zu »kopieren« (Copy Trading).

Spread
In der Finanzwelt kann der Begriff Spread verschiedene Bedeutungen haben, jedoch beziehen sie sich immer auf die Diffe-

renz zweier Preise oder Kurse. Oft beschreibt der Spread nur den Unterschied zwischen dem Einkaufspreis und dem Verkaufspreis eines Börsenwerts. Je nachdem, wie viele andere Marktteilnehmer bereit sind, für ein Papier zu zahlen, gestaltet sich der Spread. Er kann positiv oder negativ sein.

Jetzt wird's ernst

Jetzt bist du so weit. Du hast jede Menge Geschichten von erfolgreichen Anlegern, Stars, Finanzberatern und interessanten Persönlichkeiten gehört und hast da hoffentlich einiges für dich mitnehmen können. Ich kann mir vorstellen, dass es dir nun unter den Nägeln brennt und du endlich dein hart verdientes Geld anlegen möchtest. Wie sollte man auch nicht motiviert sein, wenn man den Werdegang so mancher Personen gelesen hat?

Jedes Mal, wenn ich auf Konferenzen unterwegs bin und mich mit vielen verschiedenen Menschen unterhalte, bin ich mindestens genauso inspiriert, wie wenn ich ein gutes Buch lese. Im Gespräch kommen mir Tausende Ideen, wie ich mit diesen Personen zusammenarbeiten oder deren Vorhaben unterstützen könnte. Genau diesen Aspekt wollte ich auch in diesem Buch betonen. Denn mir ist nicht wichtig, wie viel Geld jemand verdient, sondern, wie klug er oder sie sein Geld investiert. Dabei sind natürlich vor allem die Geschichten von Menschen spannend, die eine Strategie entwickelt haben, wie sie langfristig clever anlegen. Bis man so etwas herausgefunden hat, kann es Jahre dauern. Ich habe schon von Leuten gehört, bei denen es über ein Jahrzehnt gebraucht hat, bis sie wirklich verstanden hatten, wie die Finanzwelt funktioniert und man erfolgreich anlegen kann.

Manchmal geht das auch ganz schnell, wenn jemand zum richtigen Zeitpunkt am richtigen Ort ist und sich mit viel Glück und mit den richtigen Kontakten beweisen kann.

Als ich noch jünger war, konnte ich mich mit Freunden leidenschaftlich darüber aufregen, wie unfair die Welt eigentlich ist. Doch mittlerweile habe ich damit aufgehört. Ich habe akzeptiert, dass manche einfach Glück haben und andere eben länger für etwas arbeiten müssen. Ich bin nicht verbittert, sondern dankbar für jede Gelegenheit, die sich mir bietet. Wie heißt es so schön? Der Weg ist das Ziel. Und wer sagt, dass Vermögensaufbau langweilig sein muss? Ich habe bei Workshops so viele neue Freunde gewonnen und mich mit zahlreichen interessanten Leuten über die verschiedensten Themen unterhalten, dass der Spaß für mich nie zu kurz gekommen ist.

Wir können viel von anderen Menschen und deren Fehlern lernen. Das ist der Grund, warum ich jede Menge Bücher lese und mich mit Menschen austausche. Damit ich etwas lerne und so zumindest einige Fehler vermeide, muss ich offen sein für neue Ideen und Herangehensweisen. Ich muss mich sich verändernden Märkten öffnen und mich mit vielen Dingen beschäftigen. Natürlich kann der Prozess auch nervenaufreibend und anstrengend sein. Vor allem in Zeiten von Rezession kann es schwierig werden, weiterhin geduldig auf den besten Moment zum Handeln zu warten und auf seine eigene Stimme zu vertrauen. Idealerweise investierst du kein Geld, das du im schlimmsten Fall nicht auch verlieren kannst. So bewahrst du selbst in unruhigen Zeiten an der Börse eine innere Ruhe und einen kühlen Kopf, sogar wenn die Medien den Weltuntergang voraussagen.

Ich denke oft an die Übungen, die ich bei der Meditation durchführe. Vielleicht kennst du die App Headspace ja und verwendest sie selbst. Wenn ich gestresst bin, nutze ich sie mehrmals am Tag. Mithilfe dieser App kannst du zu jeder Tages- und Nachtzeit und überall spontan eine Meditationsübung durchführen. Ein Sprecher oder eine Sprecherin begleitet dich durch die Meditation und spricht über Themen, die dir Stress oder Sorgen bereiten könnten. Das Ziel ist, dass du deine Emotionen klar erkennst und nicht mehr auf jede einzelne reagierst. Somit erhältst du wieder mehr Kontrolle über dich selbst und deine Aktionen im Alltag. Atemübungen spielen da eine große Rolle, aber natürlich auch der Inhalt des Gesprochenen. Wenn ich mal nervös werde wegen einer Entscheidung von mir oder nicht genau weiß, was ich tun muss und mich unter Druck fühle, dann denke ich an die Worte aus der Meditation: Gefühle sind wie Wolken. Du kannst sie am Himmel sehen, aber versuche nicht, sie zu packen, zu halten oder ihnen nachzulaufen. Nimm die Wolke einfach wahr und schau zu, wie sie langsam dahingleitet.

Ich muss zugeben, dass ich schon etwas gebraucht habe, bis ich diese Lektion richtig verstanden habe. Am Anfang musste ich lachen, als ich diese Sätze gehört habe. Irgendwann habe ich sie dann akzeptiert und schließlich in wichtigen Momenten wirklich anwenden können. Ich habe dann gemerkt, dass mich manche Situationen gar nicht mehr aus der Ruhe bringen konnten oder ich einfach mit einem Schulterzucken auf etwas reagiert habe, das mir zuvor wahrscheinlich nächtelang den Schlaf geraubt hätte. Meines Erachtens trägt Meditation wesentlich dazu bei, ein guter Investor zu werden. Ich meditiere nicht jeden Tag oder regelmäßig, doch es gibt Phasen, in denen ich darauf baue. Wenn ich merke, dass ich mir eine Lektion noch einmal vor Augen führen muss, um mich auf meine Werte zu besinnen, meditiere ich einige Wochen lang sogar mehrmals am Tag. Ich kann dir also nur ans Herz legen, dir auch eine für dich passende und funktionierende Methode zu suchen.

Ein paar Tools für deinen Weg zum Moneymaker

Was kannst du in deinem Alltag tun, um ein Moneymaker zu werden? Am besten überlegst du dir, welche Kanäle du täglich in Anspruch nimmst. Schaff dir eine Umgebung, die dich automatisch über die Börse auf dem Laufenden hält. Dafür kannst du zum Beispiel deine sozialen Netzwerke nutzen. Wenn du Hashtags wie #Vermögensaufbau, #Dividende, #Aktien, #Börse folgst, werden dir verschiedene Beiträge zu der Thematik angezeigt und du hast die Möglichkeit, spannende Kanäle zu entdecken, die dir sinnvolle Informationen liefern.

Viele der hier im Buch vorgestellten Personen geben ihr Wissen über ihre sozialen Kanäle weiter – schau doch da mal vorbei. Natürlich gibt es auch eine große Auswahl an YouTube-Videos oder speziellen Kanälen, die sich mit dem Thema befassen. Da findest du oftmals optisch sehr schön aufbereitete Videos mit komplexen Sachverhalten aus der Börsenwelt. Viele Schulen oder Universitäten bieten Börsenspiele an, bei denen die Teilnehmer fiktiv mit Aktien und anderen Wertpapieren handeln können. So kannst du ohne Risiko und meist kostenlos lernen, wie die ersten Schritte an der Börse aussehen, und sogar gegeneinander um die höchsten Kursgewinne antreten.

Ähnlich wie Börsenspiele gibt es auch Apps, die dir Spielgeld zur Verfügung stellen, das du fiktional an der Börse anlegen kannst. Die Kursentwicklungen der einzelnen Aktien sind dabei real und du bekommst so ein gutes Gespür dafür, wie die Börse auf bestimmte Nachrichten reagiert. Das Wichtigste dabei ist, nie den Anschluss zu verlieren. Jede Information kann dir helfen, dich im Börsendschungel besser zurechtzufinden. Und je länger du übst, desto besser wirst du. Aber Achtung: Vorsicht vor kostenlosen Tipps und Tricks sowie Anlageberatungen, die dir das schnelle Geld versprechen! Kostenlose Informationen aus dem Internet solltest du immer kritisch betrachten und zur Überprüfung des Wahrheitsgehalts mehrere Quellen nutzen. Aus diesem Grund ist es wirklich wichtig, dass du dich verantwortungsvoll mit den Quellen auseinandersetzt, auch wenn die Thematik manchmal etwas trocken ist.

Im Folgenden stelle ich dir ein paar Apps, Webseiten und Plattformen vor, die du dir anschauen kannst:

BUX:
Die App ermöglicht eine spielerische Herangehensweise an die Börse und will vor allem jungen Leuten den Aktienhandel nahebringen. BUX ist für Einsteiger interessant, da am Anfang ein Budget von FunBux zur Verfügung gestellt wird, um damit an der Börse zu üben. So kannst du Erfahrungen sammeln, bevor du mit echtem Geld arbeitest.

eToro:
eToro folgt dem Konzept des sozialen Handels, es funktioniert wie ein soziales Netzwerk, in dem sich alles um Aktien und die Börse dreht. Jeder Nutzer legt sich ein Profil an und kann dann die Portfolios der anderen ansehen. Besonders erfolgreiche Trader können als Signalgeber ausgewählt werden. Nutzer können diesen Signalgebern folgen und deren Anlegestrategien kopieren.

Finanzen100:
Auf dem Börsenportal von Focus Online können Echtzeitkurse und aktuellste News aus der Börsen- und Wirtschaftswelt nachgelesen werden. Wer einen Account anlegt, kann verschiedene Unternehmen speichern und so deren Aktienkurse verfolgen.

Peak:
Peak ist die digitale Version deines Sparschweins. Mit der Finanz-App kannst du kleine Beträge in ein Portfolio aus nachhaltigen ETFs investieren. Dazu werden entweder Kontobuchungen aufgerundet oder du legst täglich Sparbeträge zwischen 1 und 10 Euro fest. Einmal pro Woche werden diese Beträge dann in eine grüne Anlagestrategie investiert.

Scalable Capital:
Das Unternehmen bezeichnet sich als Deutschlands führenden Robo-Advisor. Die Mission von Scalable Capital ist es, mit moderner Technologie einer breiten Gruppe von Anlegern Zugang zu einer Form der Geldanlage zu ermöglichen, die bislang nur sehr wohlhabenden Investoren vorbehalten war.

Tradimo:
Für Einsteiger ist Tradimo eine echte Hilfe. Die Webseite bietet kostenlose Schulungen zu fast allen Bereichen des Finanzmarktes an. Dafür kann eine Art Lehrplan zusammengestellt werden, um so Schritt für Schritt mehr im Bereich Börsenhandel zu lernen.

Tradity:
Das Börsenplanspiel Tradity ermöglicht einen spielerischen und praxisnahen Einstieg in die Welt der Börse.

Wikifolio:
Auf der Plattform kannst du auf das Wissen von vielen verschiedenen Händlern zu Finanzprodukten zurückgreifen. Gleichzeitig kann sich auch jeder, der eine Handelsidee hat, hier kostenlos präsentieren. Die dahinterstehende Vision ist also die Demokratisierung des Anlagemarkts.

Deine Roadmap zur ersten eigenen Aktie – brought to you by Tradity

Hallo, wir, das sind Ba Khai und Moritz, die Gründer von Tradity, dem größten sozialen Börsenplanspiel in Deutschland, und Freunde von Aya, wollen dir zeigen, wie du an deine erste eigene Aktie kommen kannst.

In diesem Buch hat Aya dir einiges über die Welt der Börse und den Wertpapierhandel erzählt. Jetzt lässt dich das Thema nicht mehr los und du kannst es kaum erwarten, dein erworbenes Wissen anzuwenden?

So haben wir Gründer von Tradity uns vor einigen Jahren auch gefühlt, nachdem wir viele Monate Aktienideen diskutiert und mit unserem gemeinsam geführten Demo-Depot erfolgreich an Wettbewerben teilgenommen haben. Aus unserem Interesse an dem Thema und dem Wunsch, anderen jungen Menschen einen spielerischen und praxisnahen Einstieg in die Welt der Börse zu ermöglichen, ist schließlich Tradity entstanden. Durch die Verbreitung des Börsenspiels Tradity unter dem Slogan »Gamifying Education« haben wir an Schulen deutschlandweit Tausende junge Menschen erreicht und auch Aya kennengelernt. Wir freuen uns sehr, dass Aya, nachdem sie bereits Tradity unterstützt hat, mit ihrem Buch ebenfalls dazu beitragen möchte, den Zugang zum Thema Börse zu erleichtern.

Damit du erfolgreich zu deiner ersten Aktie kommst, haben wir im Folgenden eine Roadmap zusammengestellt, die dir Hinweise dazu geben soll, wie du dies in fünf Schritten realisieren kannst.

Bevor du aber loslegst, einen passenden Broker für dich zu finden und ein Wertpapierdepot zu eröffnen, in dem du Aktien handeln kannst, zunächst eine kleine Checkliste, die dir zeigen soll, ob du gut vorbereitet bist.

> ☐ Ich verstehe, was Aktien sind.
> ☐ Ich weiß, welche Rolle Broker und die Börse im Aktienhandel spielen.
> ☐ Ich kenne die Chancen und Risiken des Aktienhandels.
> ☐ Durch das Handeln über ein Demo-Depot habe ich realitätsnahe Erfahrungen gesammelt und entschieden, nun echtes Geld anzulegen.
> ☐ Nach gründlichen Überlegungen weiß ich, welche Aktie(n) ich kaufen, wie viel Geld ich nutzen und wie ich meine Aktien nach dem Kauf verwalten möchte.
> ☐ Ich bin mindestens 18 Jahre alt oder habe eine andere Lösung (zum Beispiel mit Eltern) gefunden, um Aktien handeln zu können.

Idealerweise kannst du auf der Checkliste überall einen Haken setzen und erfüllst damit die Grundvoraussetzungen für den Kauf deiner ersten Aktie. Bisher hast du die Börsenwelt aber nur beobachtet oder virtuell am Marktgeschehen teilgenommen. Lass uns nun die fünf Schritte anschauen, die dich zu deiner ersten Aktie führen können.

1) So funktioniert der Handel von Aktien

Für den Aktienhandel musst du ein Wertpapierdepot bei einem Broker eröffnen. Voraussetzung dafür ist, dass du mindestens 18 Jahre alt bist.

Wenn du ein Depot eröffnet und Geld darauf überwiesen hast, kannst du durch deinen Broker über eine Ordermaske Aufträge zum Kauf oder Verkauf von Aktien geben. Du musst noch bestimmen, welche Aktie, welche Stückzahl, an welchem

Handelsplatz, mit welcher Gültigkeit und zu welchem Ordertyp du kaufen möchtest.

Anschließend kümmert sich der Broker um die Ausführung deiner Order, du zahlst eine Ordergebühr und bekommst die gekaufte Aktie dann in dein Depot. Dort kannst du deren Entwicklung verfolgen, bis du dich dazu entscheidest, die Aktie wieder zu verkaufen.

2) Du wählst einen passenden Broker aus
Nachdem du verstanden hast, wie du durch einen Broker Aktien handeln kannst, solltest du einen passenden Broker für dich finden. Zunächst solltest du dir überlegen, ob du einen Discount- bzw. Online-Broker nutzen oder lieber ein Depot bei deiner Filialbank eröffnen möchtest. Beide Optionen ermöglichen es dir, Aktien zu handeln – haben aber Vor- und Nachteile.

Ein Online-Broker bietet in der Regel günstigere Handelskonditionen an als eine Filialbank. Dies bezieht sich vor allem auf die jährlichen Depotführungsgebühren, die anfallen, egal ob du handelst oder nicht, und auf die Ordergebühren, die du für jeden Kauf bzw. Verkauf zahlst. Dafür haben Online-Broker jedoch keinen Ansprechpartner vor Ort und du musst bei Fragen per E-Mail oder Telefon mit deinem Broker kommunizieren.

Falls du dich schon ziemlich sicher beim Thema Aktienhandel fühlst, zum Beispiel schon ein Demo-Depot geführt hast und keine besondere Beratung brauchst, dann empfiehlt sich ein Online-Broker. So kannst du Gebühren sparen, was gerade bei geringem Kapital von Vorteil ist.

Auf der anderen Seite kannst du bei einer Filialbank die Möglichkeit zu persönlichem Kontakt nutzen. Bist du also noch etwas unsicher und möchtest in persönlichen Gesprächen offene

Fragen klären, dann wäre eine Filialbank zum Start eine gute Option für dich. Wenn du dich dann so weit weiterentwickelt hast, dass du keine persönliche Beratung mehr brauchst, kannst du, um Geld zu sparen, später deinen Broker wechseln.

Hast du geklärt, welche Art Broker generell für dich passt, solltest du bei der genaueren Auswahl noch einige wichtige Kriterien beachten. Ein Online-Vergleich von Brokern kann dir dabei helfen. Zum Beispiel bieten depotvergleich.com, online-broker-vergleich.focus.de oder brokervergleich.net Vergleichsmöglichkeiten an. Achte dabei darauf, dass du Aktiendepots vergleichst, da es neben Aktiendepots noch andere Typen von Wertpapierdepots gibt. Einige Kriterien, die du im Blick haben solltest, haben wir hier aufgelistet:

Gibt es eine Mindesteinzahlung bzw. wie hoch ist diese?
Die Mindesteinzahlung ist der niedrigste Betrag, den ein Broker gegebenenfalls von dir verlangt, damit du dort ein Depot eröffnen und handeln kannst. Viele Broker legen aber keinen Mindesteinzahlungsbetrag fest.

Wie hoch sind die Ordergebühren?
Ordergebühren sind Gebühren, die du jedes Mal an den Broker zahlst, wenn du eine Order aufgibst. Dabei gibt es verschiedene Gebührenmodelle. Häufig wird die Ordergebühr durch einen Prozentsatz des Ordervolumens bestimmt, zum Beispiel 0,1 Prozent. Dabei gibt es meist eine Mindest- und Maximalgebühr.

Ein anderes Gebührenmodell berechnet eine *flat fee*, das heißt, du zahlst unabhängig vom Ordervolumen einen festgelegten Betrag.

Da die Höhe und Berechnung der Ordergebühr je nach Broker unterschiedlich ausfallen kann, solltest du da genau hinsehen.

Fällt eine Depotgebühr an bzw. wie hoch ist diese?
Eine Depotgebühr fällt bei einigen Brokern jährlich für das Führen des Depots (ähnlich wie Kontoführungsgebühren) an. Dabei ist es egal, ob du handelst oder nicht.

Ist der Broker reguliert?
In der EU werden Broker meistens durch die britische Financial Conduct Authority (FCA), in Deutschland durch die deutsche Bundesanstalt für Finanzdienstleistungsaufsicht (BaFin) oder in anderen Ländern durch die jeweilige Aufsichtsbehörde reguliert. In der Regel sind die bekannten Broker bzw. die Broker, die du über Vergleichsportale findest, reguliert und erfüllen so gewisse Mindeststandards. Du brauchst dir diesbezüglich also gewöhnlich keine besonderen Gedanken zu machen, solange du keine exotischen Angebote außerhalb der EU nutzen möchtest.

Hast du verschiedene Broker miteinander verglichen, vielleicht auch Erfahrungsberichte eingeholt und dich schließlich entschieden, geht es im nächsten Schritt um die Eröffnung des Depots.

3) Du eröffnest ein Wertpapier-Depot beim Broker deiner Wahl und zahlst Geld ein

Die konkreten Verfahren unterscheiden sich von Broker zu Broker. Du kannst dir die Depoteröffnung aber ähnlich wie eine Bankkontoeröffnung vorstellen. Normalerweise musst du einen Identitätsnachweis erbringen. Bei Online-Brokern kann dies zum Beispiel per Post-Ident-Verfahren oder Identifikation per Erstüberweisung geschehen. Je nach Eröffnungsverfahren erhältst du weitere Informationen und musst dein Depot im Anschluss noch aktivieren. In einem letzten Schritt überweist du Geld auf dein Depot, das nach wenigen Tagen verfügbar ist.

4) Du wählst den Handelsplatz für den Kauf der Aktie aus
Nun ist alles bereit für den Kauf deiner ersten Aktie über dein Depot beim Broker. Als Nächstes musst du entscheiden, über welchen Handelsplatz du agieren möchtest. In Deutschland hast du grundsätzlich die Wahl zwischen dem elektronischen Handelssystem Xetra und dem Handel auf dem Parkett etwa an der Frankfurter oder Stuttgarter Börse. Daneben gibt es noch die Möglichkeit, außerbörslich bzw. direkt beim Broker zu handeln. Diese besteht allerdings nur bei bestimmten Anbietern und unterscheidet sich jeweils – für den Beginn kannst du dich auf die gängigsten Handelsplätze Xetra und die Börse Frankfurt konzentrieren. Diese unterscheiden sich unter anderem in ihren Handelszeiten. An Xetra wird von Montag bis Freitag zwischen 9 und 17:30 Uhr und an der Börse Frankfurt zwischen 8 und 20 Uhr gehandelt.

Doch wonach sollst du den Handelsplatz auswählen? Falls du bei deinem Broker die Wahl hast, sind vor allem der Aktienkurs und die Menge an Aktien, die am Tag gehandelt werden (die Liquidität), ausschlaggebend. Bei wenig gehandelten Aktien kann es nämlich Kursunterschiede geben. Bevorzugst du Aktien großer, bekannter Unternehmen, spielen die beiden Faktoren eine weniger wichtige Rolle.

Interessierst du dich dafür, Aktien direkt an Handelsplätzen im Ausland zu handeln, solltest du dich noch weiter informieren, da wir uns in dieser Roadmap auf deutsche Aktien konzentrieren. Viele Broker bieten allerdings an, an ausländischen Börsen zu handeln. Hierfür fallen oft andere Gebühren an. Du solltest dich daher bei Interesse diesbezüglich schlaumachen.

In der Regel spielt es zunächst keine entscheidende Rolle, an welchem der beiden großen Handelsplätze du deine Aktie kaufst. Sobald du mehr Erfahrungen gesammelt hast, kannst du dir die Unterschiede noch genauer anschauen.

5) Du kaufst deine erste Aktie

Nun ist alles bereit: Das Depot ist eröffnet, du weißt, welche und wie viele Aktien du kaufen möchtest und an welchem Handelsplatz das geschehen soll. Nun legst du noch den Ordertyp (Market, Limit, Stop) und die Gültigkeit, die deine Order haben soll, fest. Dann drückst du auf den Button »Order ausführen« und der Broker kümmert sich darum, deinen Auftrag auszuführen. Je nachdem, welche Bedingungen du gesetzt hast, kann die Aktie schon nach wenigen Sekunden in deinem Depot sein. Dort kannst du ihre Entwicklung verfolgen, sie später wieder verkaufen und neue Aktien hinzufügen.

Geschafft!
Glückwunsch zu deiner ersten Aktie! Du hast dich erfolgreich durch die komplexe Börsenwelt gearbeitet und deine erste Aktie erworben. Das ist für dich wahrscheinlich der Beginn einer langen Reise, auf der du das Auf und Ab der Börse hautnah miterleben wirst. Vergiss dabei nicht, die Risiken im Blick zu behalten und nicht übermütig zu werden. Abgesehen davon: Es wird eine aufregende Zeit, du wirst unglaublich viel lernen und hoffentlich dein Interesse an diesem Thema ausbauen. Wir wünschen dir ganz viel Spaß, Erfolg und alles Beste!

Deine Ba Khai und Moritz Funk
Gründer Tradity

Moneymaker: Sebastian Kuhnert

Es ist gar nicht so einfach, sich zu überwinden, all sein Wissen und das Gelernte wirklich in die Tat umzusetzen. Ich habe erst unzählige Bücher verschlingen müssen, bis ich das Gefühl hatte, dass ich mich an die Realität herantrauen kann. Doch nach jedem Gespräch mit Freunden über das Thema Aktien, Börse oder Startups wurde ich ein bisschen mutiger. Da ich auch immer wieder Geld zur Seite gelegt hatte, wuchs mein verfügbares Kapital. Und ich verspürte eine starke Neugierde, die mich animierte, endlich tatsächlich Aktien zu kaufen.

Natürlich waren es nicht nur die Fachbücher und die Gespräche mit Freunden, die mich an diesen Punkt gebracht haben. Ich habe auch viel recherchiert. Googelt man heute die Begriffe Aktien und Investieren, spuckt die Suchmaschine Tausende Ergebnisse aus. Doch gerade am Anfang weiß man oft nicht, welchen Plattformen und Experten man trauen kann. Eine Plattform, die ich schon bald entdeckt hatte, war Tradimo. Neben ein paar anderen Apps war Tradimo eine tolle Anlaufstelle für alle meine Fragen.

Ich lernte den CEO und Gründer Sebastian Kuhnert bei einer Veranstaltung kennen. Bei unserem Gespräch wurde mir schnell klar, dass auch er in dieses Buch gehört. Ich hatte das Gefühl, dass er nur so vor Energie sprüht und wirklich bemüht ist, anderen auf ihrem Weg in die Finanzwelt zu helfen. Wir unterhielten uns darüber, wie er in die Welt des Tradings gekommen ist, welche Vision er für die Lernplattform Tradimo hat, und wieso seiner Meinung nach jeder investieren sollte.

»Ich war schon im Kindergartenalter extrem am Thema Wirtschaft interessiert. Meine Eltern hatten eine Immobilienverwaltungsfirma bei uns im Keller, und ich war fasziniert, dass sie von dort alle Entscheidungen treffen und mit der Welt über Briefe (damals gab es noch kein Internet) kommunizieren konnten. Am Computer auf einen Knopf zu drücken und dann über ein Heimnetzwerk auf einem Drucker an einem anderen Ort einen perfekten Brief auszudrucken, hat mich komplett in den Bann gezogen. Mit sieben habe ich dann mein erstes Excel-Lernprogramm bekommen und angefangen, das, was meine Eltern für ihre Mieter taten, auf mein ›Business‹ anzuwenden. Ich begann meine Freunde in Datenbanken einzupflegen (und zur Bestürzung meiner Lehrer auch nach Freundschaftsqualität zu ranken und die Listen in die Schule mitzubringen). Darauf folgten dann Einladungen zu Flohmärkten, die ich bei mir organisierte, Lesezirkel, für die ich die Aufsätze älterer Freunde verwertete, die ich auch in der Nachbarschaft verlieh, und Ähnliches. Ich trug normalerweise ein rotes Sakko und man durfte mein Zimmer ohne Termin nicht betreten. Das Thema ›ein Geschäft betreiben‹ hat mich seitdem nie wieder losgelassen und in Phasen der Identitätssuche während der Pubertät habe ich mich immer wieder darauf zurückbesonnen, weil es mir als Kind so viel Freude bereitet hat«, erzählte Sebastian Kuhnert.

Dabei musste ich an meine eigene Kindheit zurückdenken. Auch ich war bereits früh von Geld fasziniert. Im Urlaub sammelte ich Muscheln und verkaufte sie zu Hause an einem kleinen selbst gebauten Stand an Freunde und Familie. Ich bastelte meine eigenen Tüten und trainierte ganz nebenbei mein Verhandlungsgeschick. Doch an die Börse dachte ich noch gar nicht, da weder meine Eltern noch Freunde aktive Trader waren. Also blieb es erst mal bei dem Muschelgeschäft. Bei Sebastian lief das anders.

»Zum Thema Börse kam ich, als mein Vater vor und nach der Dotcom-Blase als Anlageberater arbeitete. Im Fernsehen lief bei uns, wenn ich von der Schule nach Hause kam, oft Bloomberg TV. Ich war damals 13 Jahre alt und fand es sehr komisch, dass sich die Preise der Aktien ständig veränderten. Ich habe meinen Vater damals mit Fragen gelöchert. Meine Kernfrage war, warum es für die Unternehmen überhaupt relevant war, zu welchem Preis ihre Aktien gehandelt wurden, wenn sie ihre Anteile bereits an die Börse gebracht hatten. Das Geld hatten sie ja dann schon bekommen. Warum wurde dann noch all der Zirkus rund um die Aktien veranstaltet, wenn die nur von einer Person an die andere weitergereicht wurden, ohne dass die Firma noch etwas davon hatte. Seine Antworten haben mich nicht zufriedengestellt und mein Vater hat mir dann einfach einen Stapel Bücher gegeben, die ich mir durchlesen sollte, wenn ich mich wirklich damit auseinandersetzen wollte. Aber auch in denen fand ich eigentlich keine befriedigende Antwort darauf, wie die Wirtschaft im Großen und Ganzen wirklich funktioniert und wo die Motivationen jedes einzelnen Beteiligten im Geldsystem wirklich lagen«, erinnerte Sebastian sich zurück. Seine Fragen und Neugierde führten ihn dann an eine renommierte Eliteuniversität, die WHU – Otto Beisheim School of Management. Dort haben viele bekannte deutsche Gründer studiert und Mitgründer gefunden.

»Während des Studiums kam ich das erste Mal mit Investmentbankern und Tradern eines anderen Kalibers, als es die Privatkunden der Bank waren, in der mein Vater arbeitete, in Kontakt und nahm an Börsenspielen teil. Ich fand es unglaublich faszinierend, mit viel Geld auch von kleineren Bewegungen der Aktienkurse zu profitieren. Geld zu verdienen erschien plötzlich so einfach, und der Wunsch nach mehr eigenem Kapital wurde stärker. Gleichzeitig wusste ich aus meinen ersten Anlageerfahrungen, dass man ohne Geduld eher dazu neigt, schlechte Entscheidungen zu treffen und Geld zu verlieren.

Die Trader und Investmentbanker von Goldman Sachs, J.P. Morgan, der Deutschen Bank, Credit Suisse usw. beeindruckten mich jedoch weniger«, gestand er ernst. »Als mir dann Kommilitonen von ihren Praktika berichteten, bei denen einige aufgrund von mehr als 120 Arbeitsstunden in der Woche erschöpft im Krankenhaus landeten, war für mich klar, dass ich zwar von der Börse fasziniert war, jedoch gleichzeitig weit entfernt von den Finanzhäusern der Welt und den auf mich damals selbstverliebt und geldgierig (um jeden, auch etwa gesundheitlichen Preis) wirkenden Mitarbeitern bleiben wollte. Also entschied ich mich für die unternehmerische Laufbahn. Nachdem ich für meinen ersten Arbeitgeber ein knappes Jahr lang sehr gute Resultate liefern konnte, durfte ich Chef einer neuen Tochtergesellschaft werden, die sich mit der Bildungsvermittlung im Tradingbereich befasste. So wurde Tradimo.com geboren. Plötzlich konnte ich meine Begeisterung für Geldanlage und Handel mit einem Start-up verbinden und war überglücklich und sehr dankbar«, erzählte er mit einem Lächeln auf dem Gesicht.

Stolz darf er auch sein! Weltweit nützen mehr als vier Millionen Menschen Tradimo, um sich über die Themen Forex Strategy, Stock Trading, Investment, Aktienhandel, Money Management und mehr zu informieren. Über 30 Bestseller-Autoren, Ausbilder, Händler und Investoren aus verschiedensten Finanzbereichen teilen ihr Wissen mit der Tradimo-Community auf Deutsch, Englisch, Russisch, Arabisch, Chinesisch oder Spanisch. Doch ab wann sollte man sich überhaupt mit diesen Themen beschäftigen?

»Je jünger man ist, desto bedeutsamer ist es, wenn man sich mit der Börse auseinandersetzt. Es kann das ganze Leben verändern und jungen Menschen eine andere Perspektive für ihre finanzielle Zukunft und Unabhängigkeit geben. Als wir 2011 mit der Arbeit an Tradimo begannen, waren wir ein absoluter Vorreiter. In den ersten Jahren haben wir 30 000 neue, aktiv handelnde Menschen an die Börse gebracht, zu einer Zeit, als es in Deutschland nur 150 000 aktive private Börsenhändler gab! Mittlerweile mangelt es nicht an Möglichkeiten, sich mit der Börse auseinanderzusetzen und als junger Mensch Wirtschaft vermittelt zu bekommen. Von einzelnen YouTube-Kanälen bis zu ganzen Lernportalen wie Tradimo oder Finanzlernsektionen innerhalb breiter aufgestellter Lernplattformen gibt es viele Optionen. Was hier noch fehlt, ist ein richtig großer Player im Markt, der eine der Plattformen kauft und auch mal einen Betrag wie 100 Millionen Euro in Finanzbildung investiert, sodass eine Massenbewegung entsteht. So viel zur Privatwirtschaft. Seitens der Politik wäre noch einiges mehr möglich, um das alles auf die nächste Stufe zu heben. Finanzen als Schulfach wäre heutzutage zumindest einmal pro Woche oder als regelmäßiges Workshop-Thema auf jeden Fall eine notwendige Bereicherung. Ich glaube auch, dass die Bedeutung der Börse und des Investierens für die Demokratie völlig unterschätzt wird. Eine Gesellschaft, in der der Großteil der Bevölkerung völlig isoliert von den Finanzmärkten lebt, gleicht einer Gesellschaft, in der sich niemand für die Dichter und Denker des Landes interessiert. Es ist jedoch ganz natürlich, dass jemand, der keine Aktien, Anleihen oder andere Finanzinstrumente besitzt, Wirtschaftsnachrichten weniger interessiert verfolgt. Damit geht dann einher, dass Dinge wie welche Zinspolitik gerade unterstützt wird, kein politisch relevantes Thema sind und letztlich ein großer Teil der Bevölkerung einfach nur passiv konsumiert und sich als Opfer der äußeren Umstände versteht. Dabei gibt es so viele Möglichkeiten der Einfluss- und Teilnahme am wirtschaftlichen Geschehen und der Börse.

Ein einfaches Beispiel: Während der Griechenland-Krise gab es die Angst vor einem Ansturm auf die Geldautomaten und

Banken des Landes. Es hätte ja sein können, dass Griechenland aus der Eurozone austreten muss und man als Grieche dabei einen Großteil seines Vermögens plötzlich in einer Währung hält, die von einem Tag auf den anderen viel weniger wert ist. Als aktiv informierter Bürger, der sich für die Zins- und Zentralbankpolitik interessiert und ein Währungshandelskonto besitzt, kann man in dieser Situation innerhalb von Sekunden sein Vermögen zum Beispiel in Dollar umtauschen und dann ganz beruhigt die Situation verfolgen. Es muss ja nicht immer gleich Spekulation sein. Man kann sich einfach schützen und das Wissen dazu ist heute nur ein paar Klicks entfernt, auch ohne Studium. Communities wie die von Tradimo sind dabei so hilfreich, wie man es sich nur wünschen kann«, erklärte Kuhnert überzeugend.

»Wir sehen die Geschichte der Finanzwelt so: Bis das Internet breit zugänglich wurde, war der Börsenhandel einer Elite vorbehalten. Mit dem Internet kamen auch Echtzeitkurse aller Finanzinstrumente für jedermann und es wurde zu einer Frage des Wissens und der eigenen Ausbildung, wer damit etwas anfangen konnte und wer nicht. Tradimo hilft denjenigen, die ihr Wissen mehren möchten, um in der heutigen Zeit besser mit den frei verfügbaren Informationen umgehen zu können. Im ersten Schritt waren dies über 200 Videokurse mit Lerntexten und Wissenstests, die wir alle jeweils auf Deutsch, Englisch, Russisch, Arabisch und Chinesisch erstellt haben. Im zweiten Schritt haben wir einen offenen Marktplatz rund um unsere eigenen Kurse gebaut, in dem jeder neue Kurse zur Publikation beim Tradimo-Qualitätssicherungsteam einreichen kann. Im dritten Schritt folgte ein Handyspiel, ›Little Traders‹, das einer noch größeren Zielgruppe die Berührungsängste rund um die Börse nehmen soll. Im vierten Schritt haben wir ein von der Deutschen Börse zertifiziertes Lernprogramm entwickelt, das auch Privatanlegern die Chance bietet, sich bei Banken und Brokern zu bewerben und im internen Handel tätig zu werden. In der nächsten Phase wird es um Live Services und von künstlicher Intelligenz untermauerte Support-Software für Privatanleger gehen. Das heißt, unsere Mission wird immer von den aktuellen technologischen Möglichkeiten neu umgesetzt werden und unseren Nutzen für unsere User hoffentlich stetig vergrößern.«

Sebastian Kuhnert hat eine sehr klare Vorstellung davon, wohin der Weg in Zukunft gehen soll, und ich bin überzeugt davon, dass er ihn auch beschreiten wird. Doch ist alles wirklich so einfach, wie es scheint?

»Es ist nicht einfach, ein Unternehmen zu führen, das es sich zum Ziel gesetzt hat, menschliches Verhalten zu ändern. Manchmal fühlt es sich so an, als würde man gegen den Strom schwimmen, statt ein einfacheres, profitableres Geschäft zu betreiben. Gleichzeitig ist das Gefühl, jemandem wirklich nachhaltig geholfen zu haben, und auch die Dankbarkeit dafür wunderschön. Diese Wellen der Gefühle zu reiten und dabei stetig das Geschäft weiterzuentwickeln ist umso einfacher, je größer der Zusammenhalt mit Team und Investoren ist. Es gibt Menschen, die eine visionäre Mission teilen oder dabei zumindest ausreichend an die Professionalität und Hingabe des Teams glauben, dass sie bereit sind, so ein Projekt fortlaufend zu unterstützen. Diese Menschen sind Gold wert«, betonte er.

Mich interessiert, ob Sebastian meine Überzeugung teilt, dass es sehr viel Sinn macht, einen breiten Überblick über die Welt zu behalten und sich mit der Makroökonomie zu beschäftigen. Das ist schließlich auch der Grund, warum ich über China berichte und mir generell sehr viel daran liegt, herauszufinden, wohin sich unsere Welt in Zukunft bewegt.

»Ich persönlich habe große Freude daran, auf Basis der Makroökonomie und Megatrends zu handeln, aber ich kenne auch absolut erfolgreiche Gegenbeispiele. Mein erster professioneller Mentor im Forex-Bereich, der mittlerweile leider verstorben ist, war einer der ersten Milliarden-Fonds-Manager im Bereich des Währungshandels. Sein Fonds war groß genug, dass ihn Banken und News-Agenturen anriefen, um seine Meinung einzuholen oder ihm Nachrichten mitzuteilen. Seine Reaktion war jedoch immer dieselbe: ›Lasst mich in Ruhe, ich sehe die Wahrheit auf dem Chart.‹ Dahinter steckt der Glaube, dass allein der Chart zu beachten ist, weil sich in der Art und Weise, wie sich der Preis entwickelt, bereits alle Interpretationen jeder noch so aktuellen Nachricht widerspiegeln. Freilich ist der Markt längst nicht so effizient, wie Universitätsprofessoren gerne propagieren, denn bei kleineren Werten dauert das Einpreisen einer ad-hoc-Mitteilung oft 30 Minuten und selbst eine Industrierevolution wie künstliche Intelligenz, selbstfahrende Autos und Blockchain-Technologie hat sich erst im Laufe von über einem Jahr richtig eingepreist, zum Beispiel in die Nvidia-Aktie. Trotzdem stimmt es, dass man keine dieser News oder Technologieentwicklungen verfolgt haben muss, um anhand des Charts zu erkennen, dass sich hier etwas Großartiges abspielt und es sich lohnt, dabei zu sein. Nichtsdestotrotz ist es für mich und sicherlich viele andere einfach beruhigend, wenn sich Chartentwicklung und makroökonomisches Verständnis in Harmonie bewegen. Dann fällt es leichter, bei einem Trade oder Investment dabei zu bleiben und die Schönheit der Idee zu genießen«, stimmte Sebastian Kuhnert mir zu.

»Was ist den Leuten, wenn es um Finanzen geht, eigentlich wichtiger: Sparen oder Investieren?«, fragte ich den Tradimo-Gründer.

»Angst ist eine sehr dominante Emotion bei vielen Menschen. Mit Angst schafft man es, zu sparen, aber selten, zu investieren, weil Angst einen kurzfristig denken lässt. Bei Zukunftsangst neigen die Menschen dazu, ihr Geld beisammenzuhalten, statt es zu investieren, wo es für sie arbeiten und ihre Zukunftssorgen lindern könnte. Man darf aber auch nicht vergessen, dass es viele Menschen gibt, die tatsächlich nicht genügend Einkommen erzielen, um zu sparen. Da hilft dann auch kein super Kurs und Tipp, wie sie investieren könnten. Sparen ist ein ganz wichtiger Hebel für den Einzelnen und die Gesellschaft als Ganzes, ohne den es keine Investitionen gibt. Nur wenn Menschen bereit sind, nicht alles zu konsumieren, sondern einen Schritt zurückzumachen und an die Zukunft zu denken oder in die Zukunft zu fühlen, kann investiert werden. Dann muss trotzdem noch die Angst vor dem Unbekannten und der Möglichkeit, einen Verlust zu erleiden, überwunden werden, bevor investiert werden kann. Wahrhaftig kein einfaches Thema und deshalb gebührt ihm so viel Aufmerksamkeit«, antwortete er nachdenklich.

Wir näherten uns dem Ende des Gesprächs. Ich ließ noch mal alle Antworten Revue passieren und blickte auf seinen Lebensweg. »Was sind deine Top-Tipps für junge Menschen, die selbstständig werden wollen und noch studieren oder zur Schule gehen?«, fragte ich ihn schließlich.

»Ich lebe mittlerweile nach vielen Stationen (Deutschland, Argentinien, USA, Spanien, Schweden, Gibraltar) in Dänemark und hier ist es vollkommen normal, dass insbesondere Studenten neben dem Studium 20 Stunden pro Woche in Unternehmen arbeiten. Ich würde empfehlen, in so einem Land zu studieren und von dieser Möglichkeit Gebrauch zu machen, denn die Kontakte und Erfahrungen, die sich im Berufsleben, insbesondere in Start-ups, ergeben, sind noch viel wertvoller als die Studieninhalte, erlauben aber auch ein Vertiefen des im Studium Gelernten im praktischen Kontext. Wer sein eigenes Unternehmen gründen und erfolgreich sein möchte, braucht profundes Wissen. Oft ist es leichter, auf eine gute Idee zu kommen, wenn man tief in eine Industrie hineingeblickt hat. Wer da keine Zeit verlieren möchte, tut dies am besten während des Studiums, und sei es auch als Freelancer. Dafür gibt es tolle Plattformen wie Upwork. Oder einfach auf Start-up-Job-Portale gehen und sich als freiberuflicher Mitarbeiter auf Stundenbasis bewerben. Es ist super, was man sich dadurch an Finanzreserven und Erfahrungen aufbauen kann. Ich würde also raten, hier letzten Endes ans Investieren zu denken, den Drang, sofort selbständig zu sein, ein Stück weit hintanzustellen und das Lernen in den Vordergrund zu rücken. Dadurch erhöht sich zwar die Wahrscheinlichkeit, dass man sich am Ende nicht selbstständig macht, weil man für das Unternehmen wertvoll geworden ist und man seine Arbeit lieb gewonnen hat, aber man kann im Falle einer eigenen Gründung auf ein Netzwerk und wichtiges Wissen zurückgreifen, das erhöht die Erfolgschancen enorm.

Ein Beispiel: Wir teilen unser Büro zurzeit mit einer Firma, die Lösungen für das Bearbeiten und Bezahlen von Rechnungen mithilfe künstlicher Intelligenz entwickelt. Darauf könnte man noch selbst kommen, auch als einfacher Studierender ohne Industrieeinblick. Aber die Firma bringt diese Lösung nicht direkt an den Endkunden, sondern liefert die Lösung an Partnerunternehmen, die tief in der Industrie verwurzelt sind und diese dann in große Lösungen wie SAP integrieren. Die Lösung der Firma ist damit ein ganz kleines Rädchen in einer riesigen Maschinerie. Es ist sehr viel schwerer, ohne Industriewissen auf diese Idee in genau dieser Form zu kommen. Genau deswegen ist die Firma nahezu ohne Konkurrenz und verdient an jeder

Rechnung mit, hat außer der Entwicklung und dem Vertrieb an Partnerunternehmen keine Arbeit oder lästige Prozesse und kann super wachsen in einer klasse Firmenatmosphäre«, erklärte Sebastian. So hatte ich das noch gar nicht betrachtet. Mir kamen sofort kitschige Sprüche wie »*The path less travelled*« aus Instagram in den Kopf – so oder so ähnlich ist wohl auch sein Rat gemeint.

»Hast du noch irgendwelche letzten Worte für meine Leser?«, fragte ich zum Schluss.

»Es gibt kein zurück mehr, wenn man einmal verstanden hat, wie unsere Wirtschaftswelt funktioniert«, beendete er das Interview mit einem starken Satz. Was anderes hätte ich von ihm auch nicht erwartet. Schließlich brennt er für das Thema Finanzbildung und steckt jeden mit seinem Enthusiasmus an.

News und neue Medien

Um auf dem Laufenden über die wichtigsten Ereignisse zu sein, die die Börsenkurse beeinflussen, sind die Medien natürlich superwichtig. Auch um keinen Bauernfängern auf den Leim zu gehen braucht man viel Medienkompetenz. Immerhin sind die Medien die vierte Gewalt in unserem Gesellschaftssystem. Den Titel tragen sie nicht umsonst. Doch desto mehr Fake-News es gibt, desto schwieriger wird es, den Durchblick zu behalten. Glücklicherweise habe ich jemanden in der Familie, der sich extrem gut damit auskennt, wie man Nachrichten kritisch begegnet. Deshalb habe ich mich mit meiner Schwester, der freien Journalistin und Gründerin Sham Jaff, darüber unterhalten. Sie hat mir schon immer das Weltgeschehen erklärt und tut es teilweise noch heute, wenn die Dinge zu kompliziert sind.

News und neue Medien

Sie beschäftigt sich als freie Journalistin damit, Kompliziertes einfach darzustellen. Nicht nur in ihren Texten, sondern auch in ihren neu gegründeten Medienformaten wie dem wöchentlichen Newsletter »what happened last week« stellt sie sich dieser schwierigen Aufgabe. Ihr Newsletter wurde 2019 von der Initiative Offene Gesellschaft in Berlin als ein beispielhaftes Projekt der Demokratieförderung bezeichnet. In Berlin steht sie auf Plakaten mit dem Slogan »Du kannst alles wissen. Und trotzdem nichts verstehen«. In ihrem Newsletter sortiert, erklärt und vereinfacht sie das Weltgeschehen jede Woche aufs Neue – und das klar, lustig und trotzdem auf sehr hohem intellektuellem Niveau. Denn sie ist davon überzeugt: Nur wenn jeder versteht, was gerade passiert, können wir die richtigen Lösungen für die Herausforderungen unserer Zeit finden.

Ich habe sie gefragt: »Warum finden viele Menschen Nachrichten so langweilig?« Sie hat gelächelt und geantwortet: »Ich glaube nicht, dass sie sie wirklich langweilig finden. Ich glaube, dass viele junge Menschen sogar den Zugang aktiv suchen oder gesucht haben, sich damit aber sehr schwertun. Es überrascht niemanden, dass Apps wie TikTok oder Instagram es besser schaffen, die Aufmerksamkeit junger Menschen zu bekommen und auch lange und regelmäßig zu halten. Davon träumt jede Zeitung. Aber die kriegen es nicht hin, weil sie immer noch aus der Perspektive des ›Lehrers‹ berichten. Da will mir jemand etwas beibringen, was ich unbedingt wissen sollte, aber ich verstehe noch nicht genau, wieso ich das alles wissen muss. So fühlen sich viele oder haben sich während der Schulzeit gefühlt. Aber auch auf Apps wie TikTok und Instagram lernen junge Menschen viel. Man sehe sich nur an, wie schnell Videos zur Zeitgeschichte auf TikTok viral gehen. Da schaffen es junge Menschen beispielsweise, auf unterhaltsame Art und Weise die komplizierte und lange Geschichte vom Anfang des Ersten Weltkrieges zu erzählen – und das Ganze auch noch viral gehen zu lassen. Das ist ein neuer Skill, den die jungen Leute gerade sehr stark üben und lernen. Die großen Medienhäuser müssen hier stärker hinschauen. Daher finde ich das, was die Tagesschau da mit TikTok macht, sehr gut. Innerhalb von zehn Tagen 100 000 Follower zu erreichen? Das haben sie auf Instagram erst in einigen Monaten geschafft.«

»Ja, stimmt! Ich followe der Tagesschau auch schon etwas länger und halte es eigentlich für ziemlich gut aufbereitet für die Zielgruppe. Aber manchmal erklären die schon ganz krasse Themen auf TikTok Hin und wieder drücke ich mich auch und schau mir dann einfach weiter lustige Videos auf der Plattform an. Warum ist es denn wichtig, dass man sich mit Nachrichten beschäftigt?«, fragte ich sie provozierend.

»Weil wir im Zeitalter der Informationsflut leben. Das mag zwar komisch klingen, aber es ist wahr. Vor allem wenn wir abgelenkt oder verwirrt werden, sollten die Nachrichten in uns allen ein aufrichtiges Interesse am Komplizierten wecken – wie unsere Gesellschaften aufgebaut sind, wie wir sie intelligent neu gestalten können und wann wir geduldig mit für uns gefühlt ›langsamem‹ Fortschritt sein müssen. Nachrichten – wenn sie gut gemacht sind – können eine Gesellschaft noch stolzer, schlauer, toleranter machen, als sie schon ist.«

Ich überlegte kurz. »Wenn wir jetzt aber konkret bei den Infos rund um Börse und so bleiben, dann gibt es zwar richtig viel, was ich dazu lesen kann, aber es ist mir dann doch zuweilen etwas zu kompliziert geschrieben. Wer versteht überhaupt noch das ganze Finanz-Chinesisch?«

»Die, die das studiert haben, beruflich irgendwas mit Geld machen und leider die, die im Finanzsystem auf die Nase gefallen sind, weil sie es nicht wirklich durchblickt haben. Und das ist nicht ihre Schuld. Dass wir in der Schule nicht lernen, wie wir später mit Finanzen umgehen, wie wir den Wirtschaftsteil einer Zeitung analysieren können bzw. wie wir uns beim Eröffnen eines Aktienfonds durch das Dickicht des Finanz-Dschungels navigieren können, das ist unverzeihlich. Dass Informationen zum Börsengeschehen für die meisten so unverständlich sind, das ist schlimm. Dass so viele Menschen während der Finanzkrise ihr Hab und Gut, ihr hart erarbeitetes Geld und damit viele Zukunftschancen und Existenzen verloren haben, das ist furchtbar. Im Gegensatz zu, sagen wir mal, rein internationalen Nachrichten, die unser Leben nicht gleich direkt negativ oder positiv beeinflussen (langfristig natürlich schon, wenn beispielsweise dein Land auf ein internationales Geschehen reagieren muss), sind Wirtschaftsnachrichten etwas anderes. Sie zu verstehen, kann dich vorsichtiger und gewiefter machen. Wenn wir Wirtschaftsnachrichten richtig gut machen, dann können wir nicht nur über wirtschaftliche Entwicklungen neutral berichten, sondern auch den vielen schlauen und machbaren theoretischen Ansätzen nachgehen, wie beispielsweise ein ›gesünderer‹ und/oder inklusiverer Kapitalismus möglichen wäre – und damit all den Zynismus und all die Wut beseitigen, die uns als Gesellschaft daran hindern, gemeinsam weiterzudenken«, erklärte sie. Ich bemerkte, dass sie auf einmal etwas schneller und enthusiastischer redete, als ich sie fragte, was ich noch tun könne, um mitreden zu können.

»Lesen, Fragen stellen, dazulernen. Und das Gute ist, heutzutage sind wir mit Podcasts, immer neuen Nachrichtenseiten, Online-Kursen usw. in der besten Lage, das zu tun. Das heißt: Wenn dich ein Thema sehr neugierig macht, dann hab keine Angst davor, dich ›reinzufuchsen‹. Abonnier YouTube-Kanäle oder Instagram-Accounts, die dieses Thema gezielt behandeln (es gibt wirklich einen Kanal für alles und jeden). Schau dich im Internet um, ob es nicht vielleicht schon einen Online-Kurs dazu gibt. Wenn du gerne liest, dann schnapp dir ein Buch. Lies den Wirtschaftsteil der Zeitung und unterstreich alles, was du einem fünfjährigen Kind nicht sofort erklären könntest und schau dieses Wort im Internet nach. Wenn das nicht weiterhilft, dann frag deine LehrerInnen. Oder falls du schon studierst, deine ProfessorInnen. Und wenn das keine Option ist, online hast du genügend Möglichkeiten. Bis der Staat diese Informationslücke Wirtschaft und Finanzen wirklich entdeckt und sich dem zugewandt hat, müssen wir selbst dafür sorgen, dass wir mitreden können.

Eine gute Demokratie lebt von informierten BürgerInnen. Umgekehrt heißt das: Je informierter du bist, desto bessere Entscheidungen kannst du treffen. Denn die Qualität unserer gewählten Regierungen hängt sehr davon ab, wie gut oder schlecht informiert ihre BürgerInnen sind. Dann erst haben sie starke Meinungen, beschäftigen sich gern mit Politik und nehmen sogar daran teil (gehen zur Wahl oder steigen in eine Partei ein). Wenn man alles versteht, dann ist man bereiter, zuzuhören und etwas kritischer nachzudenken, und man bildet keine Vorurteile oder irrationales Verhalten aus«, meinte sie.

»Okay, eine Sache noch zum Schluss! Was sind deine drei Tipps für mich? Wie sollte ich in Zukunft Nachrichten lesen?«, fragte ich sie.

»Am besten stellst du dir einige Fragen:
1. Handelt es sich um Fake News? Ist diese Nachricht realistisch? Und ganz wichtig: Berichten auch andere, seriöse Medien über dieselbe Sache? Wenn ja: Haben sie dieselbe Quelle oder wird die Nachricht von zwei unabhängigen Quellen bestätigt? Aber pass auf: Quelle ist nicht gleich Quelle. Stammt die Meldung

von staatlichen Institutionen aus Deutschland, kannst du ihr vertrauen. Stammt sie jedoch aus einem Staat, der nicht gesetzlich dazu verpflichtet ist, gegenüber der Presse ehrlich zu sein, dann solltest du die Meldung mit Vorsicht genießen.

2. Wer hat die Meldung wie verfasst? Ist es wirklich eine Nachricht oder nur eine persönliche Meinung? Befasse dich mit den Absichten des Artikels und frage dich: Wie sind die Inhalte dargestellt? Was soll ich nach Lektüre dieses Artikels denken? Nimmt der Verfasser oder die Verfasserin eine bestimmte Richtung stark ein, dann solltest du skeptisch sein. Auch eine Behauptung im Artikel, dass es sich hier wirklich, wirklich um die Wahrheit handelt, gehört zu den red flags. Und wenn nötig kannst du versuchen, mehr über den Verfasser oder die Verfasserin herauszufinden. Welche Inhalte hat er/sie noch verfasst? Mit wem ist er/sie vernetzt?

3. Welche Quellen werden in der Meldung angeführt? Werden alle W-Fragen beantwortet, das heißt: Wer hat wann was wie und wo gesagt? Nachrichten können dich auch per soziale Medien in Form eines viralen Posts erreichen, auch da solltest du dir Gedanken über die Herkunft machen. Wenn beispielsweise ein Bild auf deinen sozialen Kanälen gerade viral geht, dann lohnt es sich immer, eine Rückwärts-Bildersuche bei Google zu machen. Wurden die Bilder aus anderen Kontexten herausgelöst? Das kommt häufiger vor, als du denkst. Dieselbe Skepsis solltest du im Jahr 2020 auch gegenüber Videos haben, denn hier häufen sich immer mehr Deep Fakes im Internet, die so perfekt manipuliert sind, dass man sie für echt halten kann.«

Mir war das alles nicht so klar, bis Sham das wirklich ausgesprochen hatte. Natürlich weiß ich, dass Fake News existieren, aber irgendwie war mir nie richtig bewusst, dass ich beispielsweise auch ein Bild durch Google jagen kann, um zu erfahren, wo der

Ursprung der Nachricht liegt. Jetzt bin ich auf jeden Fall schlauer als zuvor.

Jemand, den wir bereits aus dem Buch kennen, hat mir auch noch ein paar Tipps gegeben! Sie arbeitet aber weniger vor dem Computer, sondern spricht eher durch das Fernsehen mit ihren Zuschauern. Genau, es geht um Cornelia Eidloth, eine unserer Moneymaker. Sie hat uns schon einen guten Einblick in ihre Welt gewährt. Und sie ist unsere Expertin, wenn es darum geht, wie man am besten die Nachrichten im Fernsehen oder Internet analysiert.

»In erster Linie achte ich natürlich auf seriöse Quellen, vergleiche aber auch diese noch mal mit mindestens zwei bis drei weiteren, um ganz sicherzugehen, journalistische Basics eben. Pressemeldungen von Unternehmen sind sicher immer mit besonderem Augenmerk zu lesen, Euphemismen und Umschreibungen für potenziell ernsthafte Probleme gehören zum Handwerkszeug der PR-Abteilung. Hier sind wir Finanz-Journalisten als ›Übersetzer‹ oder ›Einordner‹ gefragt. In meiner Funktion als Börsenkorrespondentin für die Welt ist es meine Aufgabe, den Zuschauern in wenigen Minuten (eher Sekunden) eine verständliche, verlässliche und objektive Schilderung der aktuellen Marktlage zu präsentieren. Kostenpflichtige Börsenbriefe und dergleichen sollten Rezipienten grundsätzlich auf Herz und Nieren prüfen, hier sind viele dubiose und unseriöse Angebote im Umlauf. Mich persönlich interessieren besonders gut recherchierte und pointierte Hintergrund-Storys zu allen möglichen Unternehmen, wie sie zum Beispiel das *manager magazin* liefert. Die Beiträge sind oft richtiggehende Dramen oder sehr eindrückliche Psychogramme der Personen hinter den Marken. So manche Unternehmensgeschichte ist spannender als jeder Krimi (oder jede Soap).«

»Hast du Apps oder Webseiten die du täglich nutzt und checkst?«

»Der dpa-Newsfeed gehört zum Standardprogramm, natürlich auch der Blick auf einschlägige Konkurrenz- und Partnerportale. Wenn ich mich auf Sendungen vorbereite, in der Einzelwerte thematisiert werden, die ich vielleicht nicht immer auf dem Schirm habe, gilt mein erster Blick dem Chartverlauf der Aktie. Das ist für mich grundsätzlich die aussagekräftigste Information zu einem Wertpapier. Da ich ein großer Freund von Grafiken bin, schaue ich regelmäßig bei Visual Capitalist rein. Dort bekommt man zugleich ein gutes Gefühl für Trends und große Entwicklungen am Markt.

Tatsächlich konsumiere ich auch viele analoge Medien zum Thema. Privat lege ich meinen Schwerpunkt auf sehr langfristige Investments. Also Aktien, die ich über Jahre, wenn nicht sogar Jahrzehnte im Depot habe, da muss ich also nicht rund um die Uhr up to date sein, das würde mich eher wahnsinnig machen.«

SCHLUSSWORT

Wow, du hast es geschafft. Du bist am Ende des Buches angekommen! Ich hoffe, dass die Finanzwelt dir nun kein so großes Rätsel mehr ist wie zu Beginn. Insbesondere hast du hoffentlich viele Antworten auf Fragen bekommen und begriffen, dass Börse manchmal eher eine Sache des Gefühls als der richtigen Zahlen ist. Wenn du nur eines aus dem Buch mitnehmen möchtest, dann dies, dass die Börse und Geld nicht böse sind, sondern jeder verantwortungsbewusst mit dem Thema Finanzen umgehen kann und es wirklich coole Leute in dem Bereich gibt, zu denen du aufschauen kannst.

Jeder wird die Geschichten aus diesem Buch anders aufnehmen, und das ist auch gut so. Das, was für dich wichtig ist, wird auch deine Art zu investieren beeinflussen. Die Brille, die du aufhast, bestimmt, welche Dinge du unterstützenswert findest und welche nicht. Die Welt wird sich verändern, neue Technologien werden viele Geschäftsfelder auf den Kopf stellen und du bist mittendrin! Deswegen: Misch mit, lies viele Artikel und Bücher und bilde dir deine eigene Meinung zu Themen, die in der Welt eine Rolle spielen. Du musst dich nicht unbedingt mit Charts auseinandersetzen und ein Profi darin werden, Aktienkurse zu lesen. Du kannst einfach deine Bank anrufen und gleich nach der Lektüre dieses Buches in einen Aktienfond investieren, wenn du willst. Du kannst dich natürlich auch im Detail mit den diversen Unternehmen auseinandersetzen und einzelne Aktien kaufen, wenn du möchtest. Egal, was du am Ende tust: Das Wichtigste ist, dass du überhaupt anfängst! Dass du dir Apps runterlädst, dich anmeldest und sie erforschst. Ich bin mir sicher, dass die neue Generation von Investoren viele interessante Möglichkeiten hat, Geld anzulegen, mehr als jede andere Generation davor – just go for it.

DANKE

Großen Dank an meine Familie, die mir gezeigt hat, dass man mit viel Geduld und Liebe alles im Leben erreichen kann.

ANMERKUNGEN

1. Warum mich die Finanzwelt so interessiert
1 Explained, Staffel 2, Folge 2: Billlionaires, Netflix, 2019.

3 Was ist das eigentlich – Banken, Börse, Trading?
1 https://www.econlib.org/library/Enc/bios/Smith.html (26.03.2020)
2 https://www.gevestor.de/details/abkehr-vom-merkantilismus-adam-smith-und-seine-wirtschaftstheorien-647402.html (26.03.2020)
3 Ebd.
4 https://www.handelsblatt.com/politik/konjunktur/oekonomie/nachrichten/die-krise-der-volkswirtschaftslehre-adam-smiths-unsichtbare-hand-wird-zur-populaeren-metapher/7188670-7.html (25.02.2020)
5 Bortenlänger, Christian: *Börse für Dummies, Wiley*, 2011, S. 32
6 https://www.handelsblatt.com/politik/konjunktur/oekonomie/nachrichten/die-krise-der-volkswirtschaftslehre-in-modellen-gibt-es-keine-spekulationsblasen/7188670-6.html (25.02.2020)
7 https://www.handelsblatt.com/politik/konjunktur/oekonomie/nachrichten/die-krise-der-volkswirtschaftslehre-was-nun-herr-smith-/7188670-all.html (14.02.2020)
8 Vgl. https://mikrooekonomie.de/Einfuehrung/Grundlegende%20Annahmen.htm (01.04.2020)
9 Balsiger, Peter: *Die Erfolgsgeheimnisse der Börsenmillionäre* (1. Auflage), 2016, FinanzBuch Verlag, S.374 ff.
10 https://www.investopedia.com/terms/n/ninja-loan.asp (26.03.2020)
https://www.planet-wissen.de/gesellschaft/wirtschaft/boerse/pwiefinanzkrise100.html (26.03.2020)
11 Balsiger, P.: *Die Erfolgsgeheimnisse der Börsenmillionäre* (1. Auflage), 2016, FBV Verlag, S. 377

Anmerkungen

12 https://www.bundesfinanzministerium.de/Content/DE/ Glossareintraege/L/002_Leitzinsen.html?view=renderHelp (26.03.2020)
13 Balsiger, Peter: *Die Erfolgsgeheimnisse der Börsenmillionäre,* S. 378f.
14 https://www.planet-wissen.de/gesellschaft/wirtschaft/boerse/ pwiefinanzkrise100.html (26.03.2020)
15 https://www.rechtswoerterbuch.de/recht/i/insolvenz/ (26.03.2020)
16 https://www.planet-wissen.de/gesellschaft/wirtschaft/boerse/ pwiefinanzkrise100.html (26.03.2020)
17 https://www.cep.eu/Studien/EU-Finanzmarktregulierung/cepStudie_ too_big_to_fail.pdf, S. 4 (26.03.2020)
18 Ebd., S. 5.

4 Auch in einem unfairen System kann man sich einbringen

1 https://www.handelsblatt.com/technik/das-technologie-update/frage-der-woche/geldanlage-welche-aktie-war-die-erste/8768336.html?ticket=ST-7992129-4GOeNaNRTofZ3RQoYEMl-ap1 (23.02.2020)

5 Welthandel: Börse ist überall

1 https://www.wiwo.de/finanzen/geldanlage/anlageverhalten-der-geschlechter-warum-frauen-mit-weniger-rendite-zufrieden-sind/14888500.html (26.03.2020)
2 https://www.handelsblatt.com/finanzen/anlagestrategie/trends/ aktionaerszahlen-die-deutschen-kaufen-mehr-aktien/24070760. html?ticket=ST-4269461-JfhuuU6VLmYveJRhrjTe-ap2 (26.03.2020)
3 https://www.sueddeutsche.de/wirtschaft/frauen-aktien-rente-geldanlage-1.4484551-0 (14.02.2020)
4 Ebd.
5 Ebd.
6 https://www.sueddeutsche.de/wirtschaft/frauen-aktien-rente-geldanlage-1.4484551-2 (26.03.2020)
7 https://www.zeit.de/2010/45/Wirtschaft-fuer-Kinder (26.03.2020)
8 https://www.sueddeutsche.de/wirtschaft/john-maynard-keynes-auf-mittlere-sicht-quicklebendig-1.2890240 (26.03.2020)
9 https://www.zeit.de/2014/38/neoliberalismus-august-von-hayek-kapitalismus (26.03.2020)

Anmerkungen

10 https://www.handelsblatt.com/arts_und_style/literatur/roman-erhoehtes-risiko-was-die-oeffentliche-verwaltung-in-den-usa-zum-stoff-fuer-bestseller-macht/23927274.html (26.03.2020)

11 https://www.handelsblatt.com/politik/konjunktur/research-institute/hri-analyse-zur-waehrungspolitik-lukrative-libra-kostenguenstig-heisst-nicht-umsonst/24695952.html?ticket=ST-872995-Mb0IJ1Tb2EqhNB3tq4Y2-ap2 (26.03.2020)
https://www.handelsblatt.com/finanzen/maerkte/devisen-rohstoffe/krypto-kolumne/coin-und-co-die-krypto-kolumne-was-ein-extrem-liberaler-oesterreicher-mit-bitcoins-zu-tun-hat/21172162.html (26.03.2020)

12 https://libra.org/de-DE/white-paper/ (26.03.2020)

13 https://www.handelsblatt.com/politik/konjunktur/research-institute/hri-analyse-zur-waehrungspolitik-lukrative-libra-kostenguenstig-heisst-nicht-umsonst/24695952.html (26.03.2020)1

14 https://www.zeit.de/digital/internet/2019-06/kryptowaehrung-libra-facebook-bitcoin-blockchain (26.03.2020)

15 https://t3n.de/news/libra-ist-keine-kryptowaehrung-kein-bitcoin-1172551/ (26.03.2020)

16 https://www.sueddeutsche.de/wirtschaft/john-maynard-keynes-auf-mittlere-sicht-quicklebendig-1.2890240 (26.03.2020)

17 https://www.fembio.org/biographie.php/frau/biographie/christine-lagarde/ (26.03.2020)

18 https://www.handelsblatt.com/politik/international/iwf-chefin-christine-lagarde-eine-harte-verhandlerin-fuer-die-ezb/24518550.html (26.03.2020)1

19 https://www.sueddeutsche.de/wirtschaft/iwf-christine-lagarde-1.4162594 (26.03.2020)

20 Ebd.

21 Ebd.

6 Influencer: persönliche Einflüsse und die Börsenkurse

1 https://www.handelsblatt.com/arts_und_style/lifestyle/instagram-star-kylie-jenner-wird-bald-milliardaerin-und-kaempft-doch-um-ihr-image-als-geschaeftsfrau/23710654.html?ticket=ST-9373288-kXh3yaRyNwQsUPsXF6LU-ap1 (25.02.2019)

2 Ebd.

Anmerkungen

3 https://www.handelsblatt.com/arts_und_style/lifestyle/instagram-star-kylie-jenner-wird-bald-milliardaerin-und-kaempft-doch-um-ihr-image-als-geschaeftsfrau/23710654.html (25.02.2019)

4 https://www.finanzen.net/nachricht/private-finanzen/millionen-posting-ein-instagram-post-kylie-jenner-bekommt-dafuer-mehr-als-viele-menschen-in-ihrem-gesamten-leben-7884567 (25.02.2019)

5 https://www.welt.de/kmpkt/article196161151/YouGov-Das-Idol-der-Gen-Z-ist-ein-Hybrid-aus-Kylie-Jenner-und-Elon-Musk.html (25.02.2020)

6 https://www.handelsblatt.com/arts_und_style/lifestyle/instagram-star-kylie-jenner-wird-bald-milliardaerin-und-kaempft-doch-um-ihr-image-als-geschaeftsfrau/23710654.html (25.02.2020)

7 https://www.zeit.de/news/2018-02/23/kylie-jenner-twittert-aktie-von-snapchat-firma-stuerzt-ab-180223-99-205444 (26.03.2020)

8 https://fridaysforfuture.de/ (26.03.2020)

9 Dies sind keine Empfehlungen von mir, sondern nur Beispiele für Alternativen.

10 https://www.tagesschau.de/wirtschaft/boerse/hr-boerse-imagegallery-1151.html (26.03.2020)

11 https://www.maiwerk-finanzpartner.de/blog/2019/10/18/koennen-aktienkurse-immer-weiter-steigen-wie-schafft-man-es-nachhaltig-zu-investieren/ (26.03.2020)

12 https://www.focus.de/finanzen/altersvorsorge/rente/rente-viele-frauen-sind-unterbezahlt_id_10749042.html (26.03.2020)

13 https://www.sueddeutsche.de/geld/altersvorsorge-frauen-muessen-frueher-sparen-1.2687861 (26.03.2020)

7 Asienmarkt: von Peking ins Silicon Valley und zurück

1 Hirn, Wolfgang: Alibaba, Geely, Huawei & Co. – Wie Chinas Konzerne die Welt erobern, in: Zhang, Yu (Hrsg.): *China und Deutschland: 5.0. Herausforderung, Chance und Prognose.* Walter de Gruyter GmbH & Co KG, 2019, S. 83.

2 Hirn, Wolfgang: *Chinas Bosse. Unsere unbekannten Konkurrenten.* Campus Verlag 2018, S. 8

Anmerkungen

3 Hirn, Wolfgang: Alibaba, Geely, Huawei & Co. – Wie Chinas Konzerne die Welt erobern, in: Zhang, Yu (Hrsg.): *China und Deutschland: 5.0. Herausforderung, Chance und Prognose.* Walter de Gruyter GmbH & Co KG, 2019, S. 84
4 Ebd.
5 Ebd.
6 Nach: https://www.gruenderszene.de/allgemein/china-silicon-valley-konkurrenz?interstitial (26.03.2020)
Vgl. https://www.nytimes.com/2016/08/03/technology/china-mobile-tech-innovation-silicon-valley.html?hpw&rref=technology&action=click&pgtype=Homepage&module=well-region&region=bottom-well&WT.nav=bottom-well&_r=0 (26.03.2020)
7 https://www.gruenderszene.de/allgemein/china-silicon-valley-konkurrenz?interstitial (26.03.2020)
8 https://m.heise.de/tr/artikel/Shenzhen-das-neue-Silicon-Valley-4334850.html?seite=all (26.03.2020)
9 https://www.tagesschau.de/ausland/seidenstrasse-113.html (26.03.2020)
10 Lee, Kai-Fu: *AI Superpowers: China, Silicon Valley und die neue Weltordnung.* Campus Verlag 2019, S. 33
11 Ebd.
12 https://monde-diplomatique.de/artikel/!5480577 (26.03.2020)
13 Ebd.
14 Ebd.
15 Ebd.
16 https://t3n.de/magazin/chinas-digitalkonzerne-trendsetter-fernost-242759/5/ (15.4.2020)
17 Ebd.
18 https://www.wiwo.de/unternehmen/handel/der-alibaba-gruender-im-portraet-die-fuenf-gesichter-des-jack-ma/10690782.html (26.03.2020)
19 https://t3n.de/magazin/chinas-digitalkonzerne-trendsetter-fernost-242759/5/ (26.03.2020)
20 Hirn Wolfgang: Chinas Bosse: Chinas Bosse. *Unsere unbekannten Konkurrenten*, S. 175
21 https://www.manager-magazin.de/politik/weltwirtschaft/jack-ma-wolfgang-hirn-ueber-chinas-bosse-a-1196723.html (26.03.2020)
22 Ebd.

Anmerkungen

23 Hirn Wolfgang: Chinas Bosse: Unsere unbekannten Konkurrenten, Campus Verlag 2018, S. 182 f.
24 Vgl. https://www.finanzen100.de/finanznachrichten/boerse/tencent-bringt-endlich-league-of-legends-aufs-smartphone_H1250404441_10788928/ (26.03.2020)
25 Hirn, Wolfgang: *Chinas Bosse: Unsere unbekannten Konkurrenten.* Campus Verlag 2018, S. 183
26 https://www.economist.com/business/2014/06/25/tencents-worth (16.02.2020)
27 https://www.bloomberg.com/news/features/2017-06-28/tencent-rules-china-the-problem-is-the-rest-of-the-world (16.02.2020)
28 http://www.tencent.com/en-us/articles/15000771557911821.pdf
29 https://www.focus.de/finanzen/boerse/billion-dollar-babys-china-gigant-und-whatsapp-konkurrent_id_3627429.html (26.03.2020)

8 Silicon Valley: Digitalisierung, Trends und Umbrüche

1 https://www.gruenderszene.de/allgemein/sebastian-thrun-interview?interstitial (26.03.2020)
2 https://news.sap.com/germany/2018/03/was-ist-kuenstliche-intelligenz/ (15.02.2020)
3 Vgl. https://www.planet-wissen.de/technik/computer_und_roboter/kuenstliche_intelligenz/ (26.03.2020)
4 Vgl. http://blog.vsp-info.de/category/visionen/ (26.03.2020)
5 https://www2.deloitte.com/content/dam/Deloitte/cn/Documents/technology-media-telecommunications/deloitte-cn-tmt-ai-report-en-190927.pdf
6 Webb, Amy: *Die großen Neun: Wie wir die Tech-Titanen bändigen und eine Künstliche Intelligenz zum Wohle aller entwickeln können*, Plassen, S. 160 f.
7 https://t3n.de/tag/augmented-reality/ (26.03.2020)
8 Ebd.
9 https://www.presseportal.de/pm/60247/3819640 (2.02.2020)
10 https://www.smartmobil.de/magazin/augmented-reality (2.02.2020)
11 https://t3n.de/news/virtual-augmented-reality-1136142/ (10.02.2020)

Anmerkungen

12 https://www.vox.com/2018/11/2/18053424/elon-musk-tesla-spacex-boring-company-self-driving-cars-saudi-twitter-kara-swisher-decode-podcast)

13 https://www.wired.com/story/cryptocurrency-mania-fuels-hype-and-fear-at-venture-firms/ (10.01.2020)

14 https://www.xing.com/news/insiders/articles/spekulationsexzesse-bei-bitcoin-co-103703 (26.03.2020)4

15 https://www.finanzen.ch/nachrichten/devisen/kryptowaehrungen-bitcoin-boom-blase-oder-grosser-bluff-1011748014 (Aufgerufen am 9.02.2020)

16 Ausgabe 50: Das goldene Zeitalter der Blockchain (https://t3n.de/ausgabe/t3n-nr-50-das-goldene-zeitalter-der-blockchain/)

17 https://www.finanzen.net/nachricht/devisen/euro-am-sonntag-titel-kryptowaehrungen-bitcoin-boom-blase-oder-grosser-bluff-5871375 (10.02.2020)

18 https://admiralmarkets.de/wissen/articles/forex-basics/was-ist-ripple (10.02.2020)

19 https://admiralmarkets.de/wissen/articles/forex-basics/was-ist-litecoin (10.02.2020)

20 https://www.industry-of-things.de/was-ist-iota-definition-anwendung-und-beispiele-a-685194/ (15.02.2020)

21 https://sz-magazin.sueddeutsche.de/leben-und-gesellschaft/big-spenderin-81642 (17.02.2020)

22 Melinda Gates: The Moment of Lift, Flatiron Books 2009, S. 27

23 https://www.gatesfoundation.org/What-We-Do (15.02.2020)

24 https://sif.gatesfoundation.org/portfolio/ (15.02.2020)

25 https://sz-magazin.sueddeutsche.de/leben-und-gesellschaft/big-spenderin-81642 (Aufgerufen am 15.02.2020)

26 Vgl. https://deutschestartups.org/community/internationale-beziehungen/afrika/ (26.03.2020)

27 https://www.bib.bund.de/DE/Fakten/Fakt/W24-Bevoelkerungszahl-Wachstum-Afrika-ab-1950.html (26.02.2020)

28 https://www.auswaertiges-amt.de/de/aussenpolitik/regionaleschwerpunkte/afrika/wirtschaft/-/205686 (26.02.2020)

Anmerkungen

29 Laut der Bundeszentrale für politische Bildung, Ausgabe 1/2019 macht eine erste Unterscheidung nach Standort Sinn. Da gibt es demnach Nordafrika (Ägypten, Algerien, Libyen, Marokko, Mauretanien), Westafrika (Nigeria, Elfenbeinküste, Senegal, Ghana und Mali, die Mano-River-Staaten), Zentralafrika (Demokratische Republik Kongo, Kamerun, Ruanda, Zentralafrikanische Republik, Äquatorialguinea), das Horn von Afrika und Ostafrika (Sudan, Äthiopien, die Somalias, Kenia, Uganda) und das Südliche Afrika (Südafrika, Angola, Simbabwe, Mosambik, Sambia).
30 https://deutschestartups.org/community/internationale-beziehungen/afrika/ (27.03.2020)
31 Ebd.
32 Dieses Kapitel erschien erstmals als Gastbeitrag unter dem Titel »Mit DNS die Zukunft schreiben« auf forbes.at; https://www.forbes.at/artikel/mit-dns-die-zukunft-schreiben.html

9 Psychologie: persönliche Investmententscheidungen

1 http://img.boersenverlag.de/reports/kostolany-web.pdf (27.03.2020)
2 https://www.faz.net/aktuell/finanzen/fonds-mehr/erklaer-mir-die-welt-3-warum-sind-spekulanten-nuetzlich-1353627.html (27.03.2020)
3 https://www.investorsinside.de/john-murphys-trading-regeln-trading-fehler-richtig-traden/ (26.02.2020)
4 Kostolany André: *Die Kunst, über Geld nachzudenken,* Econ Verlag, München, 2000, S. 145
5 https://www.welt.de/print-welt/article503029/Nur-die-Hartgesottenen-gehoeren-zu-den-Gewinnern.html (Aufgerufen am 26.02.2020)
6 https://www.gevestor.de/news/das-ei-des-kostolany-wo-stehen-sie-84167.html (26.02.2020)
Kostolany, André Kostolany: *Die Kunst, über Geld nachzudenken*
Econ Verlag, München, 2000, S.145
7 Vgl. ebd.
8 https://www.welt.de/print-welt/article503029/Nur-die-Hartgesottenen-gehoeren-zu-den-Gewinnern.html (27.03.2020)
9 https://www.wiwo.de/erfolg/management/psychologie-macken-koennen-ein-karriere-booster-sein/20263058.html (27.03.2020)
10 Der Fachbeggriff hierfür ist der »Margin of Safety«.
Vgl. https://qix.capital/gurus/warren-buffett/ (01.04.2020)

Anmerkungen

11 https://tradebrains.in/circle-of-competence-investing/ (01.04.2020)
12 Moldan, Daniel: *Das Universal Portfolio: Clever mit Indexfonds und ETFs anlegen*, o. V., S. 284
13 Vgl. https://www.wiwo.de/unternehmen/dienstleister/etf-guenstige-anlage-oder-systemrisiko-mit-drei-buchstaben/21124402.html
14 https://www.etf-nachrichten.de/das-denkt-star-investor-warren-buffett-ueber-indexfonds-etf/ (18.02.2020)
15 Ebd.
16 https://www.focus.de/finanzen/boerse/1-etf-der-warren-buffetts-regel-nummer-eins-beruecksichtigt-und-outperformt_id_10723330.html (18.02.2020)
17 Deutsche Oppenheim Marktbericht 2. Quartal 2019
18 https://www.wiwo.de/unternehmen/dienstleister/etf-guenstige-anlage-oder-systemrisiko-mit-drei-buchstaben/21124402.html (18.02.2020)
19 Vgl. ebd.
20 https://www.spiegel.de/wirtschaft/soziales/trump-aktien-bot-start-up-macht-geld-mit-trumps-twitter-ausfaellen-a-1132484.html (18.02.2020)
21 Vgl. https://www.stern.de/wirtschaft/geld/warren-buffett--die-freundlichste-heuschrecke-der-welt-3219758.html (27.03.2020)
22 Ebd.

10 Wichtige Informationen für den Weg zum Moneymaker

1 Vgl. https://aktien-kaufen-fuer-anfaenger.de/aktie-was-ist-eine-aktie/ (27.03.2020)
2 Vgl. https://aktien-kaufen-fuer-anfaenger.de/aktienkurs-definition/ (27.03.2020)
3 https://aktien-kaufen-fuer-anfaenger.de/was-ist-der-dax/ (27.03.2020)
4 https://aktien-kaufen-fuer-anfaenger.de/was-ist-die-wall-street/ (27.03.2020)
5 https://www.ndac.de/aktien-lexikon/xetra/ (27.03.2020)
6 https://aktien-kaufen-fuer-anfaenger.de/was-ist-der-dow-jones/ (27.03.2020)
7 https://aktien-kaufen-fuer-anfaenger.de/definition-was-ist-der-mdax-sdax-und-tecdax/ (27.03.2020)

Anmerkungen

8 Vgl. https://www.godmode-trader.de/know-how/boersenhandel-6-wichtige-orderarten-die-sie-kennen-sollten (27.03.2020)

9 ebd.

10 https://www.finanzfluss.de/was-sind-cfd/ (26.02.2020)

11 https://www.aktienmitkopf.de/blog/aktien/wo-wie-investieren/55-10-wichtige-kennzahlen-von-unternehmen-damit-zu-niemals-zu-viel-fuer-eine-aktie-zahlst (27.03.2020)

12 https://www.gevestor.de/details/eigenkapital-rendite-wie-kann-man-die-roe-kennzahl-errechnen-11.html (27.03.2020)

13 https://www.focus.de/finanzen/boerse/lexikon/boersenlexikon-emerging-markets_id_10916861.html (27.03.2020)

14 https://www.cmcmarkets.com/de-de/forex-trading-lernen/was-ist-forex (26.02.2020)

15 https://de.wikihow.com/Den-Gewinn-einer-Aktie-berechnen (27.03.2020)

16 https://www.aktienmitkopf.de/blog/aktien/wo-wie-investieren/55-10-wichtige-kennzahlen-von-unternehmen-damit-zu-niemals-zu-viel-fuer-eine-aktie-zahlst (27.03.2020)

17 Vgl. https://aktien-kaufen-fuer-anfaenger.de/definition-was-ist-margin-hebel-spread-leerverkauf/ (26.02.2020)

18 https://www.aktienmitkopf.de/blog/aktien/wo-wie-investieren/55-10-wichtige-kennzahlen-von-unternehmen-damit-zu-niemals-zu-viel-fuer-eine-aktie-zahlst (27.03.2020)

19 Winkler, Dennis: *Schnellkurs Aktien*, Walhalla, Regensburg 2018 S.122

20 Ebd.

21 https://de.wikipedia.org/wiki/Kurs-Gewinn-Verh%C3%A4ltnis#Deutung (27.03.2020)

22 Vgl. https://www.boerse.de/grundlagen/trendfolge/leerverkauf-26 (27.03.2020)

23 https://www.ig.com/de/trading-glossar/margin-definition (27.03.2020)

24 https://aktien-kaufen-fuer-anfaenger.de/marktkapitalisierung-was-ist-das-eine-definition/ (27.03.2020)

Was ich mit 20 Jahren gerne über Geld, Motivation, Erfolg gewusst hätte

Mario Lochner

Viele plagen sich lange Jahre im Beruf, um dann festzustellen, dass sie doch nicht das tun, was sie erfüllt und womit sie erfolgreich sind. Es kommt darauf an, frühzeitig im Leben auf die persönliche Motivation und die eigenen Potenziale zu setzen und die Weichen auf Glück und Erfolg zu stellen.

Mario Lochner weist den Weg zur Überholspur im Leben. Im ersten Teil des Buches geht es darum, wie man seine persönliche Motivation im privaten und beruflichen Bereich findet. Im zweiten Teil gibt der Autor Ihnen die Erfolgswerkzeuge an die Hand, die Sie maßgeschneidert für sich anwenden können. Im dritten Teil schließlich geht es darum, wie Sie mit nur wenigen Stunden pro Jahr ein finanzielles Fundament für die Rente aufbauen.

304 Seiten | Softcover | 16,99 € (D) | ISBN 978-3-95972-277-3

Life to the Max

Philipp Maximilian Scharpenack

Philipp Maximilian Scharpenack nimmt den Leser mit auf seine abenteuerliche Lebensreise, die ihn zu dem Punkt brachte, an dem er heute steht. Mit Anfang 30 arbeitet er gerade einmal vier Stunden in der Woche und ist finanziell komplett unabhängig. Nach der Schule gründete er ohne Kapital in China sein erstes Unternehmen. Es folgte der Aufbau der Netzwerkveranstaltung »Gründerpokern«, der Eismarke »Suck It«, eines Immobilienportfolios, das Management eines Pokersuperstars.

Anhand seiner Geschichte zeigt Scharpenack, wie jeder Mensch zu Glück, Selbstverwirklichung und Unabhängigkeit finden kann. Und wie man es nicht bloß in der Theorie, sondern auch in der Praxis schafft, mit dem Konzept der Vier-Stunden-Woche ein passives Einkommen zu generieren. Egal, welche Startvoraussetzungen man mitbringt.

Handwritten annotations:

- Tradimo.com
- Visual Capitalist
- Manager Magazin
- dpa Newsfeed
- Adam Smith, 1723
- 1776 Wohlstand d. Nationen
  - David Ricardo
  - John Maynard Keynes
- 1637 Tulpenkrise
- Michael Y. Burry
- Warren Buffet
- SELENA GOMEZ CDO
- André Kostolany (1906-99)
- Buch: Mindset, Carol Dweck

256 Seiten | Softcover | 17,99 € (D) | ISBN 978-3-95972-315-2

Finanzielle Intelligenz

Niclas Lahmer

Geld besitzt seine ganz eigenen Regeln und finanziell intelligente Menschen kennen diese Gesetze des Erfolgs. Sie spielen nach den neuen Regeln, während sich der Rest weiterhin nach Althergebrachtem richtet. Junge Menschen lernen an Deutschlands Schulen und Universitäten auch heute noch die Wahrheiten von gestern, statt in einer Zeit des völligen Wandels das Wissen vermittelt zu bekommen, das sie wirklich für den finanziellen Erfolg brauchen.

Niclas Lahmer erläutert anschaulich in seinem Buch, was es bedeutet, finanziell intelligent zu handeln und dabei zu lernen, was die Bildungspolitik jungen Menschen verweigert. Er zeigt neue Wege auf und lehrt, wie finanzielle Chancen entstehen, wie Geld für Sie arbeiten kann und wie Sie finanziell erfolgreich werden. Egal wo Sie gerade in Ihrem Leben stehen, Sie können immer das Ruder herumreißen und durch Ihre Entscheidungen alles verändern.

176 Seiten | Hardcover | 17,99 € (D) | ISBN 78-3-95972-102-8

Haben Sie Interesse an unseren Büchern?

Zum Beispiel als Geschenk für Ihre Kundenbindungsprojekte?

Dann fordern Sie unsere attraktiven Sonderkonditionen an.

Weitere Informationen erhalten Sie bei unserem Vertriebsteam unter **+49 89 651285-252**

oder schreiben Sie uns per E-Mail an:
vertrieb@m-vg.de

FBV
www.finanzbuchverlag.de